Eva Maria Sirowatka (Hrsg.)

# Königsberg

## Die goldene Stadt im Osten

Orion-Heimreiter

Titelabbildung: Jürgen Woitzik, Kiel

CIP-Kurztitelaufnahme der Deutschen Bibliothek

**Königsberg** : d. goldene Stadt im Osten /
Eva Maria Sirowatka (Hrsg.). – Kiel:
Orion-Heimreiter-Verl., 1987.
(Orion-Heimreiter-Bibliothek)
ISBN 3-89093-304-1
NE: Sirowatka, Eva M. [Hrsg.]

ISBN 3-89093-304-1



Orion-Heimreiter-Verlag
2300 Kiel 1, Postfach 3667
Druck und Bindearbeiten: Freiburger Graphische Betriebe
Gedruckt in Deutschland

# Mein Traum

## Eva Maria Sirowatka

Im Traum habe ich Königsberg wiedergesehen: Ich stand auf einer hohen Brücke und sah vor mir eine große, alte Stadt liegen, durch die ein breiter Strom floß, vorbei an spitzgiebeligen Häusern und Speichern. Im Hafen lagen Schiffe aller Art, Hochseedampfer, Handels- und Segelschiffe und Fischkutter. Von der Brücke aus führte eine breite Fahrstraße zu einem auf einem Hügel liegenden alten Schloß. Auf dieser Straße sah ich viele Fahrzeuge: Rollwagen, vollbepackt mit Waren, von kräftigen Pferden, meist mehrspännig, gezogen, Kutschen und andere Pferdewagen, dazwischen Straßenbahnen und Autos aus verschiedenen Epochen, Benzinkutschen, wie die ersten Modelle genannt wurden, bis zu den modernen Autos der zwanziger und dreißiger Jahre. Viele Menschen belebten die Bürgersteige, überquerten die Straße. Von meiner Sicht aus wirkten sie wie Figuren aus einer Spielzeugschachtel. Alles geschah völlig lautlos, doch es war eine beglükkende Stille - das ganze wie ein Bild aus dem vorigen und jetzigen Jahrhundert, seltsam vertraut. Die Abendsonne schien und vergoldete Türme und Dächer, hüllte die ganze Stadt in einen milden, goldenen Ton.

Als ich erwachte, wußte ich im gleichen Augenblick: die goldene Stadt meines Traumes war mein geliebtes, altes Königsberg, Landeshauptstadt von Ostpreußen.

Dort hatten die Vorfahren meines Vaters gelebt, hier ging er zur Schule. Auch ich hatte das Glück, sechs meiner schönsten und unbeschwertesten Jugendjahre in Königsberg zu verbringen. Meine frühesten Kindheitserinnerungen an Königsberg gehen zurück bis zum Beginn der zwanziger Jahre, als mein Vater mich zu einem Verwandtenbesuch dorthin mitnahm.

Die zauberhafte Atmosphäre dieser Stadt wurde mir durch meinen Traum wieder lebendig. Im Geist höre ich das Tuten der Dampfer vom Hafen her, höre Möwenschreie, das Pfeifen von Dampflokomotiven, das Bimmeln der Straßenbahnen. Ich glaube, die Stimmen der Fisch- und Gemüsehändler zu vernehmen, die in jenen frühen zwanziger Jahren mit ihren Karren durch die Straßen und Gassen der Vorstädte zogen. Im breitesten, ostpreußischen Dialekt priesen sie ihre Waren mehr singend als sprechend an. Ich höre die Glocken vieler Kirchen läuten; aus allem hebt sich das Blasen der Stadtmusikanten heraus, die morgens und abends, vom hohen Schloßturm herab, Choräle bliesen. In der Stille des versinkenden Tages klang der Abendchoral weithin über die Dächer der Stadt: "Nun ruhen alle Wälder."

Das letzte Mal sah ich Königsberg im Frühjahr 1944, noch unzerstört. Dann versank bei einem Großangriff alliierter, westlicher Flugzeuge die ganze Innenstadt, mit ihren unersetzbaren historischen Bauten, in zwei Augustnächten jenes Jahres in Schutt und Asche. Mein letztes Erinnerungsbild ist die unzerstörte Landeshauptstadt von Ostpreußen geblieben.

1946 wurde Königsberg, wie auch der ganze nördliche Teil Ostpreußens, durch das Potsdamer Abkommen bis zu einem Friedensvertrag unter sowjetische Verwaltung gestellt. Königsberg erhielt den Namen Kaliningrad. Für uns ist diese Stadt ferner und unerreichbarer als ein Stern. Bisher erhielt kein westlicher Tourist ein Einreisevisum. Nachrichten von dort kommen nur spärlich zu uns, meist nur auf Umwegen über östliche Journalisten. Die Sehnsucht der Königsberger - ob sie dort geboren wurden oder auch nur zeitweise dort lebten - diese Stadt wiederzusehen, ist groß.

Mein Traum von Königsberg hat mich tief bewegt und getröstet. Ich erkannte, daß eine Stadt wie Königsberg, mit jahrhundertelanger Tradition, niemals sterben kann. Geschichte besteht ja nicht nur aus Gegenwart und Zukunft, sondern auch aus Vergangenheit, und siebenhundert Jahre Königsberger Geschichte kann man nicht auslöschen.

Das Anliegen dieses Buches ist es, den Leser durch zwei Jahrhunderte zu führen, ihm etwas von dem regen Geistes- und Kulturleben dieser Stadt zu vermitteln, - durch Erzählungen und Lebenserinnerungen bedeutender Königsberger. Es ist ein Buch nicht nur für alle, die Königsberg kannten, dort geboren wurden, dort gelebt haben, sondern vor allem für jüngere und kommende Generationen. Einst wehten die Flaggen vieler Länder im Hafen von Königsberg. Man nannte die Stadt damals "Ostpreußens Tor zur Welt" - Königsberg, Deutschlands goldene Stadt im Osten!

*Die Herausgeberin*

# So war der Frühling

## Tamara Ehlert

So war der Frühling in meiner Stadt -
die Spatzen hockten am Weg und froren
wie Wollknäuel, die jemand verloren
und dann nicht aufgelesen hat.

Der Frost saß nachts noch am Straßensaum
und legte Glasscherben auf die Pfützen
doch schon betupften wie grüne Mützen
die ganz ersten Knospen jeden Baum.

Die alten Häuser spürten die Gicht
vom Winter her in den krummen Wänden
und faßten mit roten Ziegelhänden
begierig ins weiße Mittagslicht.

Sie ließen willig den warmen Strom
der Sonne an ihre Schwellen branden
und ihre buckligen Schatten standen
wie schwarze Katzen rings um den Dom.

Die Abende glänzten blau und matt.
Wie Seidentücher an jungen Frauen
webten die zärtlichen schleierblauen
Abende hin über meine Stadt.

# Die Kantherkinder

## Gertrud Papendick

Die alte Stadt im Osten hatte ihr Gesicht in Jahren und Jahrzehnten wenig verändert.

Aus der Umschnürung der Festungsmauern stiegen ihre vielen Türme in den blassen norddeutschen Himmel. Der hohe gotische Turm der Schloßkirche überragte sie alle, er war das Wahrzeichen für den Heimkehrer, das schon in der Ferne grüßend aufstieg, vom Abendlicht umglänzt, wenn der Zug von der Haffküste her über das endlose Gewirr der Gleise langsam heranrollte.

Sein Anblick hatte Konsul Hermann Kanther vor fast vierzig Jahren, da er, ein junger, weltläufiger Kaufmann, aus England in seine Vaterstadt zurückkehrte, ganz unvermutet mit einer starken Bewegung gefaßt. Und vielleicht war es in jenen Augenblicken geschehen, daß er gelobte, den Turm seiner Kindheit nicht wieder zu verlassen, sondern seiner Stadt und dem alten Haus in der Oberdammgasse lebenslang die Treue zu halten.

Der Schloßturm stand hoch über den engen, geschäftigen Straßen, die der ruhige Fluß zwiefach durchschnitt, von Brücken überquert, von Fahrzeugen aller Art in unaufhörlicher Bewegung wechselvoll belebt. Das war immer so gewesen und war heute noch so. Es konnte nicht sein, daß sich daran jemals etwas ändern würde, wenn auch vielleicht außerhalb der Festungswälle das überquellende Leben nach Ausbreitung und neuer Gestaltung griff.

Und unverändert blieb die Lebensluft, die diesen festgefügten Raum durchwehte, und unverändert blieb das herbe, harte und kräftige Klima, das sich Menschen besonderer Sorte erzeugt hatte.

Vielleicht waren sie nicht immer mit ihm zufrieden; es war eine schwere Anfechtung, sich so viele Monate mit einem hartnäckigen Winter herumzuschlagen und immer so lange auf den Frühling warten zu müssen. In diesem Jahr, das in der ersten Reihe des neuen Jahrhunderts aufstieg, kam er, wie es schien, später noch als sonst.

Anne Kanther, des Konsuls jüngste Tochter, die eigentlich Annemarie hieß - aber der Name war ja viel zu lang für den täglichen Gebrauch in einer großen Familie, die es nicht liebte, Umstände zu machen -, Anne besann sich freilich darauf, daß es im Vorjahre auch weiße Ostern gegeben habe: Schneefall und scharfen Wind, dann plötzlich Tauwetter und hinterher den Schlammschnee auf den Straßen, der zunächst einmal liegenblieb, als sollte er für bestimmte Zwecke aufbewahrt bleiben; er war grau und wurde braun, er beherrschte das ganze Straßenbild und machte das Herz vor Kummer weinen, wenn man ihn nur ansah; noch schlimmer war es, wenn man hindurchmußte.

In der Regel gab es dann noch einmal Frost, ein paarmal sogar vielleicht, und es folgten lange, graue Tage - Regen, Wind und wieder der Dreck; es war nicht Winter, nicht Frühling, nichts war es, eine Jahreszeit, die es nicht gab, die erst noch hätte erfunden werden müssen.

Wenn Anne Kanther den Weg über die Brücken ging

- und das war der Gang jedes Tages, zu welcher Unternehmung und Verrichtung es auch sein mochte -, dann war da immer der Fluß, der seinen Weg in die Freiheit nahm, unablässig und unwiederbringlich, und war der Wind, der weiß Gott woher kam, aus einem Loch in der Atmosphäre vielleicht, und ins Unbekannte von dannen trieb mit den Wolken vor sich her. Der Fluß und der Wind waren das Lebendige, das dieses steinerne Meer durchstieß, die große Kraft von draußen, die sich nicht halten ließ; sie waren der Ausweg aus der Bedrängnis des einförmigen Lebens, das zumeist aus Stunden bestand - Unterrichtsstunden, Klavierstunden, Tanzstunden -, nein, die gab es zum Glück nicht mehr, aber dafür Besuche, Einladungen und die Abende zu Hause um den Familientisch; auch die sogenannten Vergnügungen wurden genau eingeteilt und festgelegt. Es waren die gleichen Dinge, die immer wiederkehrten, ein Rad, das sich drehte, man wußte immer alles vorher, es kam nichts Neues. Anne wunderte sich manchmal, was es wohl damit war, ob sie allein diesen Überdruß empfand; vielleicht war irgend etwas nicht ganz in Ordnung in ihrem Gehirn, "überspannt" nannte man das. Doris zum Beispiel, ihre Schwester, hatte nicht diese unruhigen, aufsässigen Gedanken, sicherlich nicht, obgleich Anne nie versucht hatte, mit ihr darüber zu reden; Doris war allerdings älter, schon einundzwanzig, vielleicht lag es daran, und auch bei ihr selbst kam es dann mit den Jahren in Ordnung. Doch ganz sicher erschien ihr das nicht. Doris war immer anders gewesen, Anne war ja sozusagen auch schon eine junge Dame, aber sehr wohl war ihr dabei nicht.

Das Beste, was es gab, war die Sehnsucht - Sehnsucht

wonach, das wußte Anne selber nicht -, es war dieses süße, ziehende und schmerzende Gefühl, das zuzeiten das Herz erfüllte. Es war eigentlich immer da, es ließ sich nie, nie ganz zudecken, es tat einen tiefen Atemzug, wenn man auf den Brücken stehenblieb und dem Fluß nachsah, der von dannen zog. Doch dieser Winter hatte das Wasser durch Monate unterjocht gehalten, der Fluß streckte sich als ein weißerstarrtes Tal zwischen seinen Ufern, auch die Fahrrinne hatte aufgegeben werden müssen, es war ein hochnordischer Hafen im Winterschlaf; ein paar Schiffe lagen im Eise fest, sie waren verschneit, verkrustet und verzaubert; keine Teerjacke ließ sich sehen, keine Hand rührte sich darauf, kein Hund bellte den Möwen nach, die klagend nach Futter herumjagten. Über den Dächern stieg der Raum kerzengerade empor in den eiskalten blauen Himmel, der kein Erbarmen kannte. Hinter seinem Rand, dort wo der Fluß einen fernen Bogen durch weißes Wiesenland schlug, sank jeden frühen Abend die Sonne in der gleichen blutroten Klarheit hinab. Anne hatte schon oft daran gedacht, sich die Schlittschuhe anzuschnallen und ihr nachzulaufen. Sie konnte sehr gut laufen und wurde niemals müde; es würde den ganzen Flußlauf hinuntergehen und weiter, weiter, eine langgezogene Eisbahn bis hin aufs Haff, und da war dann kein Ende mehr. Sie wußte, daß die Primaner so etwas machten, auch die Studenten zuweilen, doch die hatten meist nicht so viel Zeit und Sinn dafür neben ihrem Komment und Kommers und wie das alles hieß. Aber die eingeborenen großen Jungen wie Bernhard Fischer zum Beispiel, die leisteten sich in jedem Winter so eine Tour - abwärts aufs Haff oder stromauf in die

Provinz hinein; dann gingen sie nach ein paar Stunden Eislauf in irgendeinem Gasthaus vor Anker, so einem Dorfkrug am Rande der Welt, und tranken sich ordentlich warm für die Rückfahrt - Grog, Bier und Schnaps, wie man das hierzulande machte. Wahrscheinlich wurden deshalb auf den Gymnasien und auch von den Eltern diese Sportausflüge, wie sie hießen, nicht gewünscht oder gar verboten, aber da pfiffen die ja drauf und machten es heimlich. Von Bernhard wußte Anne es genau, und sie war nicht sicher, ob nicht ihr Bruder Otto damals vor Jahren auch ... Aber so war das: innerhalb der Familie erfuhr man so etwas am allerwenigsten.

Warum sollte sie eigentlich nicht auch so eine Tour machen? Zäh genug war sie allemal, und es würde einmal etwas sein, eine Tat und ein Erlebnis. "Du bist nicht recht bei Trost", hatte Doris ihr gesagt, als sie gelegentlich davon anfing. Nein, es wurde nichts draus, sie war eben doch nur ein Mädchen, eine höhere Tochter, sie konnte sich dergleichen wohl ausdenken, aber nie und nimmer tun. Denn wie sollte man sich das in Wirklichkeit vorstellen? Allein oder etwa in männlicher Begleitung? Da war eins so schlimm und unerlaubt wie das andere. Anne überlegte, was es wohl gegeben haben würde, wenn Bernhard Fischer sie vielleicht einmal mitgenommen hätte. Solch ein Langlauf dauerte natürlich den ganzen Tag, erst tief in der Dunkelheit konnte man wieder zurück sein, und damit war ein junges Mädchen aus guter Familie auf Lebenszeit unsterblich kompromittiert. Es war beinahe aufreizend, sich vorzustellen, was für ein Skandal das ehrbare Kantherhaus bis in seine Grundfesten erschüttert hätte. Er würde seine Wellen durch die ganze Stadt geschlagen haben, denn es gab natürlich keine Möglichkeit, eine solche Untat mit Erfolg zu verheimlichen; keine der wohlerzogenen Töchter des Landes hätte weiter mit Annemarie Kanther verkehren dürfen. Und daher hätte Bernhard Fischer das wahrscheinlich auch niemals getan. Im übrigen war das Ganze sowieso eine müßige Überlegung. Denn Bernhard, an den Anne aus Ottos Schülerzeit her eine so zuverlässige Erinnerung bewahrte, war inzwischen über solche abenteuerlichen Unternehmungen längst hinausgewachsen. Er war schon an die Mitte der Zwanzig und war seit langem davon und fort, saß in Berlin und baute den Assessor, vermutlich wenigstens, und hatte das alles über ernsten und bedeutenden Dingen bestimmt vergessen. Als er damals, ein langer, drahtiger Bursche von siebzehn oder achtzehn, auf klingenden Eisen ins Grenzenlose zog, da war Annemarie Kanther noch ein kleines Ding mit einer Ohrenmütze gewesen.

Vielleicht ging es überhaupt nur darum, diese berauschenden Erlebnisse in Gedanken zu gestalten und mit Farben zu malen, die die Wirklichkeit nicht kannte. Das allein war schon wunderbar genug, man konnte auf eine Art davon leben. Aber es hatte keinen Zweck, darüber zu reden. "Nicht recht bei Trost!"

Was tatsächlich davon blieb, war der tägliche Gang auf die bürgerliche Eisbahn, die eingezäunte, abgesperrte, wo man stundenlang in der Runde lief, um zwischendurch immer an der gleichen Stelle für ein paar Minuten Rast zu halten. Das war gang und gäbe, es war bewährte Sitte bei den Schlittschuhläufern, besonders wenn es sich um die festverschworenen Paare handelte. Doris hielt es so, sie hatte immer einen Verehrer, manchmal auch verschiedene, die sie auswechselte und bei Bedarf gegeneinander ausspielte. Doris lief, vom Arm des Kavaliers umfaßt, in schönen langgeschnittenen Bogen dahin; aber bei Anne war es anders, sie fand nicht so recht Kontakt mit den jungen Leuten, sie wußte niemals, was sie mit ihnen reden sollte, und das war dann anstrengend und langweilig.

Anne lief mit ihren Freundinnen, mit Gerda Schütz und Lotte Degenhardt, aber beinahe am liebsten allein. Sie preschte auf ihren langen Beinen dahin in sausender Fahrt über die Bahn, möglichst allen Reglements zum Trotz, und hängte sich vielleicht hinten auf dem Spielplatz an eine der Ketten, die, zwanzig Mann und mehr, Riemen gefaßt, ihre verwegenen Kreise über das Haff schleuderten. Da flog man nachher wie von einem Windstoß getrieben aus der Peripherie ins Uferlose hinaus. Man landete vielleicht ganz hinten am Zaun und stand einen Augenblick still, um Atem zu holen. Da sahen dann von weitem schon die erhellten Fenster der Stadt in die blauweiße Dämmerung hinaus. Jedesmal war es so, jedesmal gab es den gleichen Schreck: Herrgott, wieviel ist die Uhr?!

Anne hatte keine Uhr, natürlich, die ihre war zu Hause oder gerade kaputt; sie zog in voller Fahrt zum Eingang, um mit Entsetzen festzustellen, daß es schon wieder zu spät war. Um halb fünf, spätestens, hatten sie alle drei zu Hause zu sein, auch Fritz, obwohl er ein Junge war; aber er war doch der Jüngste, und es haperte bei ihm immer mit den Schularbeiten. Und sie, Anne, ein Mädchen aus guter Familie, hieß es, treibe sich nicht die halbe Nacht draußen herum.

Es kam nie vor, daß die drei Geschwister etwa zusammen losgingen, nein, jedes kam allein. Doris war längst fort, ihr Kavalier brachte sie, das war klar, vielleicht nicht bis nach Hause, sondern vermutlich mit einem Umweg bis in die Nähe der elterlichen Wohnung; darüber war der Mantel des Schweigens gebreitet, denn auch das gehörte zu den Dingen, die der Vater seinen Töchtern nicht erlaubte. Wenn es sich noch um einen Mann von Stellung und Brot gehandelt hätte, wäre die Sache gewiß anders angesehen worden, denn Doris war doch durchaus heiratsfähig. Es war, fand Anne, sogar Zeit mit ihr. Aber das war es ja, Doris hatte leider die Neigung, sich mit jungen Dächsen abzugeben, die nichts waren und nichts vorstellten, Studenten oder Referendaren oder auch mal einen Leutnant mit nichts als seinem bunten Rock. Sie hatte es nicht eilig mit dem Heiraten, wozu auch, dazu kam man immer noch früh genug, und was hatte man überhaupt schon groß davon zu erwarten! Ja, Doris hatte ihre Linie und befand sich wohl dabei.

Anne dagegen jagte erst in letzter Minute mit den klappernden Schlittschuhen am Arm durch die Straßen, sie fuhr im Flur aus dem Mantel, daß ein Ärmel sich ausstülpte, und dann mit einem wendigen Satz an den Kaffeetisch unter die Hängelampe. Natürlich setzte es einen Anpfiff, aber, Gott sei Dank, Fritz war auch noch nicht da. Und der bildschöne Wolfshunger dann vor dem gefüllten Brotkorb, der glich alles wieder aus. Sechs Stück Butterbrot, das war das mindeste.

Bis in die zweite Märzhälfte hinein waren sie dieses Jahr Schlittschuh gelaufen, doch dann machte es eigentlich schon keinen Spaß mehr. Es blieb schon zu lange hell, es war sozusagen ein überständiges Vergnügen. Ja, das war es wohl, Anne hatte eine unbändige, ganz große Sehnsucht nach dem Frühling.

Aber dann war es wie immer: Der Frost brach jäh ab, eine zu Tode erschöpfte Kraft, und es kam das Tauen, es kamen die Wochen des kränkelnden Wetters, in denen die Welt so grau, so leer und so seltsam hoffnungslos war, als könnte es nimmermehr anders werden. Es dauerte zu lange, man war wie besessen vor Unruhe und zugleich von einer schweren Müdigkeit befallen. Irgend jemand schrieb vom Bodensee: "Wir sitzen hier in Waschblusen im Freien." Anne schloß die Augen und stellte sich das vor, es war bestimmt das Köstlichste auf der Welt: in einer Waschbluse in der Sonne sitzen, auf einer Veranda am Wasser, und Kaffee trinken mit dem Blick in die Ferne. Es war gemein, so etwas zu schreiben.

Alles war schlechter Laune, auch der Vater schimpfte auf das Sauwetter und den miserablen Zustand der Straßen, und das war für seine Kinder eine ganz willkommene Ablenkung.

Ja, es war immer dasselbe. Durch Wochen und Wochen wartete man auf den Frühling, er wollte nicht kommen, er kam nie, er wurde unterschlagen. Eines Tages wachte man auf, und dann war es plötzlich Sommer. Es geschah unvermutet über Nacht. Das war der ostpreußische Zauberschlag.

Doris und Anne schliefen in einem Zimmer nach der Gartenseite, es war ein ziemlich großer Raum mit zwei hohen, schmalen Fenstern. Zwei schmale Nußbaumbetten, die Großelternbetten, standen darin und sonst eine Menge alter Hausrat, darunter ein dunkelbraunes abschüssiges Sofa, das bessere Tage gesehen hatte, in der Mitte ein runder Tisch, und darüber hing eine Lampe, die anfing zu schaukeln, wenn das Fenster aufgemacht wurde. Es gab noch kein elektrisches Licht im Kantherschen Hause, außer im Kontor; in den Wohnungen, ein und zwei Stock hoch, vertraute man nach wie vor auf das gute alte Petroleum, obwohl dies seit langem ein Gegenstand des Kampfes war zwischen Konsul Kanther und seinem ältesten Sohn Hermann, der die Oberwohnung innehatte.

Hermann hieß wie der Vater; das hatte von je dauernd zu Verwechslungen Anlaß gegeben, und so nannte er sich Johann Hermann Kanther, seitdem er aus England zurück und mit im Geschäft war. Johann Hermann Kanther, das war ein guter Name für eine alte Firma.

Dieser älteste Bruder war ein gutes Teil älter als die übrigen Geschwister, fast doppelt so alt wie Anne und somit beinahe so etwas wie eine Respektsperson. Er war verheiratet, hatte bereits drei Kinder und war seit einigen Jahren Teilhaber des Vaters, aber das mit dem elektrischen Licht hatte er bei dem alten Herrn bisher nicht durchsetzen können. Die Mutter nannte diese Beharrlichkeit bei ihrem Mann ein treues Festhalten am bewährten Alten; ihr Sohn Hermann nannte es Eigensinn.

Es war ja auch eine liebe Not mit dem Petroleum. Johanna, das Stubenmädchen von Konsuls, hatte neben aller übrigen Arbeit nicht weniger als zehn Lampen täglich zu besorgen oder doch nachzusehen, und es war nur gut, daß das gutmütige Ding jede Arbeit mit Geduld verrichtete.

Am schlimmsten war es mit der leichtbeschwingten Hängelampe im Zimmer der beiden Mädchen; das uralte Möbel, unzuverlässig und unberechenbar, stammte noch von der Entenpest her, die doch schon einige Jahrhunderte zurücklag. An einem Abend dieses Winters war es gewesen, als Doris und Anne eine Einladung zum Tanzen hatten. Der ganze Staat lag bereits vom Nachmittag an ausgebreitet auf den Betten - Wäsche, Unterröcke, Strümpfe und die beiden wunderbaren Kleider, das rosa von Doris war so gut wie neu -, da hatte die Lampe eine Viertelstunde geblakt, das Zimmer war eine rauchige, stinkende Höhle und alles, alles schwarz von Ruß. Doris weinte, nein, sie heulte laut, und Anne, die sowieso zur Heftigkeit neigte, geriet in einen solchen Zorn, daß sie die ganze Herrlichkeit am liebsten zum Fenster hinausgefeuert hätte. Da begann Doris auf einmal zu lachen. "Anne, wie du aussiehst, du hast ja eine ganz schwarze Nase!" - Und nun lachten sie schließlich beide, Doris liefen dabei immer noch die Tränen übers Gesicht. Dann bliesen sie den Ruß von den Kleidern, es war geradezu ein Wunder, daß kaum eine Spur blieb. Johanna mußte kommen mit Wasser, Schrubber und Lappen, sie riß Fenster und Türen auf und machte ordentlich Gegenzug, und doch bewahrte das Zimmer noch tagelang einen Rest von diesem fatalen Gestank. Ja, das waren die Segnungen des Petroleums.

Doris und Anne waren sehr, sehr gute Kameraden miteinander, obwohl es in dem Alter noch etwas bedeutete, daß die eine der anderen vier Jahre voraus hatte. Anne war ja nach Ansicht von Doris noch ein unausgewachsenes Küken.

Doris wußte nicht einmal, daß Anne diesen unwiderstehlichen Drang hatte, allein zu sein und draußen herumzustrolchen. Es trieb Anne nicht so sehr auf einen Bummel durch die Stadt, wo man in den Spiegelscheiben der Schaufenster sehen konnte, ob einem der Hut richtig saß, und wo man sicher sein durfte, eines Tages die ganz große, entscheidende Eroberung zu machen. Anne stromerte in Gegenden umher, wo der Himmel groß war und die Erde rund, wo es Felder gab, Bäume, Vögel und frische Luft.

Das Eis war nun dahin, erweicht und geborsten, der Fluß nahm die Schollen mit sich, sein Wasser war trübe und gelb; die Schiffe wurden überholt und aufgetakelt, sie gerieten in Bewegung und machten sich davon, von draußen kamen andere herein und löschten an den Kais, weiter abwärts wurden Ruderboote gestrichen, geteert und zu Wasser gelassen. Die Möwen zankten sich kreischend, der erste Storch zog mit gelassenem Flügelschlag über die grauen Uferwiesen. Der Wald stand fern und schwarz, Schnee lag in den Gräben und an den Böschungen. Nur die junge Saat war grün, mit Schneefetzen gefleckt, der Wind ging eisig durch kahle Alleebäume - es war Ende April.

An einem Abend - das war ein Sonnabend und somit der einzige Abend in der Woche, der wirklich Wert hatte - redeten die beiden Mädchen noch vor dem Einschlafen miteinander von Bett zu Bett, wie sie immer taten, bis eine von ihnen keine Antwort mehr gab. Dann wurde es ruhig im Dunkeln. Aber nun stieg Anne plötzlich aus den Federn, sie tappte auf leichten nackten Sohlen über die Dielen und machte ein Fenster auf.

Doris rührte sich. "Was ist denn los?"

*Der Schloßteich*

"Ich weiß nicht, ich kann nicht schlafen, mir ist so heiß."

"Dann zieh aber wenigstens den Vorhang zu."

"Ach, laß doch", sagte Anne und kletterte zurück, "es kommt ja Luft rein." - Und nach einer Weile sagte sie noch etwas: "Hör doch mal, Doris!"

"Was denn?"

"Na, hör doch!"

Da vernahmen sie beide, daß es draußen regnete. Die Luft war ungewöhnlich mild und ganz still, und dieser Regen kam leise und sacht herab, tropfte wie Balsam aus der Höhe des Himmels, er rieselte nur murmelnd fort und fort, die Erde fing ihn auf, er war wie eine sanfte Melodie, als sängen die Engel droben ein Schlaflied für die nächtliche Welt. Doris rollte sich unter dem Federbett zusammen, sie war gar nicht mehr vorhanden. Aber die Kleine lag auf dem Rücken mit hochgezogenen Knien, die Arme hinter dem Kopf, sie atmete andächtig und lauschte, sie wußte, was das bedeutete. Sie war ein Kind der Natur und verstand die Zeichen des Himmels: Morgen würde es Sommer sein.

# Unser Umzug

## Horst Biernath

Auf dem Kalenderblatt stand heute ein Wort von Wilhelm von Humboldt: "Nur, was die Vergangenheit gewährt, ist ewig und unveränderlich - wie der Tod, und zugleich wie das Leben, warm und beglückend."

Ja, warm und beglückend selbst dann, wenn die durchlebte Vergangenheit durchaus nicht immer warm und beglückend war. Unser Gedächtnis hat eben die merkwürdige, aber liebenswerte Eigenschaft, auch über die Erinnerungen an dunkle Tage und schlimme Erlebnisse einen zärtlichen Schleier zu breiten. Auch über die bösen Hungerjahre, in die wir - obwohl wir durch Herrn Hoffmann bereits in der Vorschule darüber unterrichtet worden waren, daß Ostpreußen des Deutschen Reiches Kornkammer sei -, in eben dieser Kornkammer lebend, schon nach dem zweiten Kriegswinter hineingerieten.

Noch im Sommer und Herbst 1915 zogen die fliegenden Fischhändler, solange die Männer noch nicht eingezogen waren, paarweise durch die Straßen, der Mann den Handkarren schiebend, die Frau die Ware aussingend: Eiiii Botterfisch - eiii Broatfisch - eiiii Botterfisch! Oder: Strömlinge wie Maräne Ströhömling! Oder: Eiii Speckflundre - eiii Broatflundre - eiii Speckflundre! Die langgezogenen Rufe drangen wie die getragenen Töne eines Pistons bis in die entferntesten

Winkel der Häuser. Aber dann blieben die fliegenden Händler aus, und Mutter mußte sich zum Fischmarkt in die Altstadt zwischen Krämer- und Schmiedebrükke bemühen, wenn sie etwas auf den Tisch setzen wollte. Daß sie nicht gerade fein waren, diese Fischweiber, die dort im Winter mit Kohleöfchen unter den weiten Röcken vor den Kurenkähnen saßen, war bekannt. Darüber kursierten die dreistesten Geschichten. Die Damen von Mutters Kaffeekränzchen erzählten sie sich hinter der vorgehaltenen Hand mit innigem Vergnügen. Trotzdem war Mutter zutiefst empört, als sie eines Tages beim Einkauf eines großen Dorsches naserümpfend feststellte, daß dieser bereits ungut röche, und die Fischfrau ihr zunächst einen braunen Priemstrahl vor die Füße setzte und danach seelenruhig erklärte: "Fräuleinchen, wenn Sie dem Dorsch am Arsch riechen, da stinken Sie auch." - Dabei bin ich nicht ganz sicher, daß es die verbale Grobheit war, die Mutter so sehr empörte, sondern daß sie in ihren Jahren mit dem breit blitzenden Ehering am Finger von dem Fischweib als "Fräuleinchen" angeredet worden war.

Mutter war eine fabelhafte Fischköchin, und solange es Fische gab, zauberte sie, obwohl Butter und Schmalz bald Raritäten wurden, drei- oder viermal in der Woche Fischklopse, Dorsch in holländischer Soße, Flundern in Dill, eine köstliche Suppe aus Kaulbarschen und dann und wann auch gebratene Strömlinge auf den Tisch. Ich hatte einen Klassenkameraden namens Werner David, den die Natur wunderbarerweise mit einem blauen und einem braunen Auge ausgestattet hatte. Dessen Vater nun besaß in der Bülowstraße in der Nähe vom Sackheimer Tor eine Molkerei, und in der Stadt gehörte ihm ein halbes Dutzend Milch- und Käseläden. Und weil ich so blaß und mickerig aussah, steckte mir Frau David häufig aus Mitleid ein Stück Butter oder einen Keil Tilsiter Käse heimlich in den Ausschnitt der Kieler Bluse. Vater David war nicht so spendierfreudig. - Mutter sah diese Freundschaft mit dem Molkereibesitzerssohn nicht ungern. Damals begann ihre kleine Industrie zu blühen, die uns in den schlimmsten Hungerjahren, die allzubald folgten, über manche Not hinweghelfen sollte. Sie strickte aus weißem Zwirn mit der Rundnadel ziemlich zwecklose, aber zauberhaft anzuschauende Gebilde, winzige Deckchen, als Tassen-, Vasen- oder Kannenuntersätze verwendbar. Später, als die Not größer und größer und die guten Beziehungen immer wichtiger wurden, wuchsen diese Handarbeiten zu Riesenformaten. Und obwohl alles knapp wurde, scheint Mutter niemals Schwierigkeiten gehabt zu haben, sich das weiße Garn, das sie kiloweise verbrauchte, zu besorgen. Frau David jedenfalls war von Mutters Strickdeckchen höchst angetan und revanchierte sich mit Fettigkeiten. Nur mußte Mutter sich hüten, Vater gegenüber von solchen Geschäften auch nur ein Wort zu verlieren, denn sein strenges Rechtsbewußtsein hätte sich gegen solche Tauschgeschäfte aufgelehnt. Nachdem er für den aktiven Dienst mit der Waffe im Siebziger-Krieg leider noch zu jung gewesen und für diesen zu alt geworden war, gebot es ihm die vaterländische Pflicht, zum Sieg über die Feinde von Kaiser und Reich wenigstens dadurch beizutragen, daß er sich eisern an die vorgeschriebenen Rationen hielt. Und die gab es auf Marken. Bis tief ins zweite Kriegsjahr hinein zehrte er vom eigenen Speck und sah immer noch recht stattlich aus. Aber als dann der Rübenwinter begann, war es mit dem Eigenverzehr aus. Er verbrauchte von seinen zweieinhalb Zentnern die gute Hälfte und rutschte jämmerlich zusammen.

Anna, unsere Perle, hatte uns verlassen und ihren einbeinigen Maurermeister geheiratet; das andere Bein hatte er gleich zu Anfang des Krieges in der Masurenschlacht verloren. Nun war auch mein Bruder Ernst bei Cambrai gefallen, meine Schwester Else hatte ihren ukgestellten Richard geheiratet, und Lotte saß als Lehrerin in Sonnenborn auf dem Lande. Wir waren nur noch zu dritt, ein verlorenes Häufchen in der viel zu groß gewordenen Wohnung. Der Gedanke, die Freunde Rudi und Helmut Gutbrod durch einen Umzug in einen weit entfernten Stadtteil zu verlieren, war schmerzlich genug, weit schmerzlicher aber wäre der Verlust von Opa Gutbrods Obstgarten und von Omas Hühnern gewesen, denen wir die Eier noch warm unterm Hintern wegstibitzten und heimlich austranken. Sie konnte es einfach nicht verstehen, daß ihre Hühner bei dem guten Futter so miserabel legten. Aber mir stand das Glück zur Seite. Vater fand am Ende der Tiergartenstraße, genau zehn Hausnummern weiter, eine Dreizimmerwohnung mit Loggia und einer winzigen Mädchenkammer neben der Küche, die ich beziehen durfte. Mehr als ein schmales Bett und ein Nachttischchen gingen allerdings nicht hinein, aber ich war selig, zum erstenmal ein eigenes Nest zu besitzen, in dem ich nachts ungestört schmökern konnte. Ein Lichtanschluß war zwar nicht vorhanden, aber mir genügte der schwache Schimmer eines jener "Hindenburglichter", die damals gerade aufkamen und an Sparsamkeit nicht zu übertreffen waren, völlig zu meinem Glück.

Das Haus an der Ecke Tiergarten-/Simpsonstraße gehörte der Witwe Kallweit, die mit ihrer einzigen Tochter im Parterre wohnte. Sie war eine walkürenhafte Frau von üppigsten Formen, die sie während der ganzen Hungerjahre behielt, denn sie stammte aus dem Ermland, sprach dessen unverfälschten Dialekt und schien gute Verbindungen zu einer reichen Bauernverwandtschaft zu besitzen. Sie rauschte stets in schwarzen Taftgewändern daher, während ihre weit zierlichere Tochter, ein ältliches Mädchen, das Frau Kallweit seit Jahren und Jahren vergeblich unter die Haube zu bringen versuchte, in ihrer Taftkleidung lila Farbtöne bevorzugte. Beide Damen puderten sich so stark, daß man meinen konnte, sie tunkten die Gesichter mehrmals am Tag in eine Schüssel voll rosa Reispuder.

Sparsam wie Vater nun einmal war, ließ er den Umzug nicht durch eine Spedition besorgen, sondern mietete ein zweispänniges Fuhrwerk. Der Besitzer war eigentlich Droschkenkutscher und betrieb das Fuhrgeschäft nur nebenbei. Seine guten Pferde hatte das Militär beschlagnahmt, und die verbliebenen waren zwei alte, müde Kraggen, die sich nur mühsam auf den Beinen hielten. Leute hatte er natürlich auch nicht mehr. So stellte Vater denn bei der Gefängnisverwaltung den Antrag, ihm für den Umzug einige Strafgefangene zur Verfügung zu stellen. Am Tage des Umzugs, einem sonnigen Septembermorgen, rückten vier Mann in braunem Drillich, von einem kleinen alten Aufseher begleitet, dem ein martialischer Säbel an der Hüfte baumelte, zugleich mit dem Fuhrwerk vor unserm Hause an. Mutter stieß bei ihrem Anblick einen tiefen

Seufzer aus, teils aus Mitleid und teils aus Sorge, ob der Umzug mit diesen ausgemergelten Figuren und mit diesen dürren Kleppern vor dem Wagen ein gutes Ende nehmen werde.

"Ich weiß nicht, Julchen, ob das gutgehen wird ..." murmelte sie verzagt. Aber Vater meinte, es werde schon gehen, sie solle nur jedem von den Kerlen eine dicke Schmalzstulle und eine Flasche Braunbier vorsetzen. Er schien der Meinung zu sein, daß Schmalzbrot und Braunbier genügen würden, um die Männer wieder zu Kräften kommen zu lassen. Sie sahen wirklich erbarmungswürdig aus, denn wenn es draußen schon knapp genug herging, so konnte man sich denken, wie es innerhalb der Gefängnismauern mit dem Fraß bestellt war. Jedenfalls stürzten sie sich über die Schmalzstullen her, als ob es das Köstlichste wäre, was sie seit Monaten genossen hatten. Und dann - gingen sie ran.

Tische, Betten, Sessel und Stühle, sogar die Kommoden und Sofas bewältigten sie, wenn auch mit einiger Mühe und langen Verschnaufpausen, ganz gut. Für das Büfett brauchten sie eine volle Stunde. Und dann konnte die erste Fuhre losgehen und wurde vor dem Haus an der Simpsonstraße abgestellt. Aber dann kamen die Kisten mit Porzellan und mit Ernsts juristischen Büchern an die Reihe, da mußte Mutter schon umpacken, weil sie nicht imstande waren, die schweren Kisten auch nur anzulupfen. Und dann kam das Klavier! Der alte Klimperkasten aus der Trautweinschen Manufaktur wog gut und gern vier Zentner oder sogar noch einiges darüber, und natürlich besaß unser Fuhrunternehmer weder Traggurte noch Spediteurshaken, mit denen gelernte Möbelpacker ausgerüstet sind.

"Julius!" rief Mutter beschwörend, als die Männer das Klavier bis zur Treppe gezerrt hatten, "wenn es den Leuten aus den Händen rutscht, dann gibt es hier einige Leichen!"

Vater rann der Schweiß in hellen Bächen in den Zelluloidkragen. Er holte auch noch den Fuhrmann heran. Die Ader auf seiner Stirn war rot und dick angeschwollen, wie sie mir sonst nur Zornesausbrüche ankündigte, die sehr peinlich und schmerzhaft für mich zu enden pflegten.

"Gib den Kerlen noch ein Schmalzbrot und noch ein Bier, Lina!" befahl er und ordnete eine längere Pause an. Und irgendwie bewirkten Brot und Bier das Wunder, daß der Trautwein ohne Bruch und ohne Schaden auf die Straße und auf den ächzenden Wagen kam und vor der neuen Wohnung auch ohne Bruch und ohne Tote und Verletzte ausgeladen wurde. Natürlich wäre es auch mir sehr unangenehm gewesen, wenn es bei diesem schwierigen Transport mehrere Leichen gegeben hätte, aber sonst hätte ich gegen eine Bruchlandung des verdammten Pianos nichts einzuwenden gehabt. Meine Geschwister, besonders Ernst, hatten bravourös geklimpert, und auch Mutter entlockte dem Trautwein den Frühlingsstimmenwalzer und leichte Bearbeitungen der Salonstücke von Mendelssohn-Bartholdy. Was lag näher, als auch mich am Klavier ausbilden zu lassen, vor allem, weil ich schon als Zehnjähriger mit meinen breiten Händen mühelos vom C bis zum D in der nächsten Oktave griff. Aber es lag wohl am Unterricht, an dem großen Wert, den Fräulein Stahl auf Geläufigkeitsübungen legte, daß mir ihre Klavierstunden zur Qual wurden. Kurz, bevor Fräulein

Stahl zum zweiten Teil der Dammschen Klavierschule übergehen wollte, sah Vater ein, daß mein musikalisches Talent gerade noch für die Mundharmonika, nicht aber für das Klavier ausreiche, und erließ mir die Fortsetzung des Studiums. Später, als man vernahm, daß, wer Klavier spiele, Glück bei den Frauen habe, kam mein Bedauern, das Klavierspielen wie so manches andere versäumt zu haben, leider zu spät.

Klavier und Möbel standen also auf der Straße. Inzwischen war es Nachmittag geworden, und der Himmel bewölkte sich. Die neue Wohnung aber lag im zweiten Stock des Hauses, und das Treppenhaus war auch nicht halb so geräumig wie jenes in dem hochherrschaftlichen Hause, in dem wir bis dahin gewohnt hatten. Mit den letzten Kräften schleppten unsere Gefangenen die Kleinmöbel zur zweiten Etage empor, aber als es an die schweren Stücke ging, da war der Ofen aus. Der Himmel bezog sich immer mehr und wurde immer dunkler. Mutter war der Verzweiflung nah, und wie immer, wenn ihr der Gaul durchzugehen drohte, biß sie sich in den Knöchel des Mittelfingers, um Vater nicht mit Vorwürfen zu überhäufen, daß er mit seiner Sparsamkeit am falschen Platz einmal wieder einen furchtbaren Blödsinn angerichtet habe.

Die Rettung kam in der letzten Minute, kurz vor dem Wolkenbruch. Auch im gegenüberliegenden Hause fand ein Umzug statt. Dort bezog der Regierungsbaumeister Ploke, dessen Sohn mit mir in die Quinta M des Fridericianums ging, eine neue Wohnung. Aber nicht wie wir mit einem Droschkenkutscher und mit Gefangenen, sondern mit einem richtigen Möbelwagen und mit vier richtigen, blaubeschürzten Packern mit strotzenden Muskelpaketen auf den Armen und Schultern, die zudem mit allem Gerät ausgerüstet waren, das man zum Transport schwerer Stücke braucht. Vater zückte sein Portemonnaie und fand, was sonst gar nicht in seiner Art lag, Töne von bestrickender Liebenswürdigkeit: Ob die Herren wohl die Freundlichkeit haben würden ... Er machte zwei Zehnmarkscheine locker, wedelte damit vor ihren Nasen, und siehe da, zwei der Herren waren so liebenswürdig, spuckten in die Hände und trugen, was vier Gefangene plus Vater plus Aufseher plus Fuhrmann kaum beim Herabtragen der Stücke geschafft hatten, das Büfett und den Trautwein zu zweit ohne sonderliche Anstrengung durch das enge Stiegenhaus in unsere neue Wohnung. Es war geschafft, und mit zwanzig Mark war Vater immer noch billig weggekommen. Und das hob seine Stimmung.

# Ankunft in Königsberg

## Lovis Corinth

Der Dampfer auf der Deime war bereits in Sicht und bald fuhr er bis zur Haltestelle an uns vorbei, so daß es hieß, nur schnell sich verabschieden. Aber plötzlich wollte ich nicht mehr, und wenn ich nicht wollte, war schwer gegen mich anzukommen. Mit allen Lockungen wollte man mich umstimmen. Endlich gab ich nach, als ich hörte, daß dort jeden Tag Zeichenunterricht wäre und der "Kleene Fritzke" doch auch dort wäre. Diesen liebte ich abgöttisch, weil er mir immer Lokomotiven zeichnete. Über dem vielen Reden stiegen wir über den Steg zum Dampfer. Vorn am Glockengestell stand ein junger Bulle, der schläfrig wiederkäute. Die Taue wurden gelöst und nun fuhren wir, mein Vater, der sich noch zuguterletzt entschließen mußte, mich zu begleiten und ich, auf dem Pregel nach Königsberg. Langweilig war die Fahrt sehr: Zu beiden Seiten flache Wiesen mit Vieh darauf. Auf dem erhöhten Mittelgrunde standen unter Laubbäumen die Gutshäuser. Endlich nach vier Stunden sahen wir die Türme der Stadt, und große Seeschiffe waren in reicher Anzahl, als wir die Festung durchfuhren, an den Ufern aufgereiht. Ich wunderte mich über die Raaen und die neue Konstruktion dieser Schiffe, welche ganz anders waren, wie die Reisekähne und die Witinnen, die ich so lange auf der Deime fahren sah. Endlich wurden die Taue ans Land geworfen, man schlang sie um einen Pfahl und der Dampfer zog sich heran. Ein Steg schob man über den Bord und wir gingen einem Menschenpaar entgegen, das schon von weitem gewinkt hatte. Mit ausgebreiteten Armen empfing mich eine lange magere Frau, die sich tief zu mir niederbeugte, um mich zu küssen. Ich sah aber nur einen einzigen langen Zahn in ihrem lachenden Munde. - Ich wollte sie nicht küssen, wenigstens kniff ich die Lippen ganz fest zusammen. Das war die Tante, welche ich noch nie gesehen hatte. Daneben stand der "kleine Fritz". Aber seit der Zeit, wo er nicht bei uns gewesen war, war er sehr gewachsen und ein Schlosserlehrling geworden. Eine Blechflasche sah aus seiner blauen Arbeiterbluse heraus. So freudig begrüßte er mich nicht, wie ich wohl von ihm erwartet hatte.

Aber unbewußt war nun das Schicksal gekommen und führte mir die Person entgegen, welche auf mein ganzes späteres Leben den größten Einfluß haben sollte. Vom achten bis zum sechzehnten Lebensjahre lebte ich mit meiner Tante Tag um Tag zusammen und ihre geradezu infernale Genialität hat meinen ganzen Charakter bestimmt. Wie alle Leute aus den einfachsten Kreisen, denn ihr Mann war Schuhmachermeister, verfügte sie über einen grotesken Humor. Sie war die jüngere Schwester meiner Mutter und oft wurde ich beglückwünscht, daß ich es gerade so gut hätte, als wenn ich bei der wirklichen Mutter lebte. Vorläufig aber gingen wir in ihre Wohnung, Magisterstraße 41.

Die Wohnung, wo ich jetzt mit meinen Verwandten leben sollte, war im Verhältnis zu der unsrigen in Tapiau sehr klein: Zwei lange schmale Zimmer, aber noch einmal so hoch, wie unsere Stuben. Aus der größeren

Stube ging ein Balkon auf den Pregel zu. Darunter war ein kleiner Hof mit einer alten Linde. Da konnte ich denn das Leben auf dem Pregel beobachten, welches noch reicher war, wie das auf der Deime. In dem Zimmer nach der Gasse zu war die Schusterwerkstatt vom Ohm aufgeschlagen. Der Ohm war klein und mager, um das Kinn wuchs ihm ein dünner, grauer Bart. Später bemerkte ich, daß der Gesell immer nach dem Fenster gegenüber schielte; es war dicht verhängt und hin und wieder kam ein nackter runder weiblicher Arm zum Vorschein, der vorsichtig die Gardinen etwas beiseite schob. Wenn der rotnasige Kommissär vorbei kam, blieb das Fenster dicht verhängt. Abends wurde die Schlafbank für mich aus dem Schrank herausgezogen zum ersten Schlaf in der Fremde. Morgens war mein Vater in aller Frühe nach Hause gefahren, ohne mich zu wecken, und ich war allein unter diesen fremden Menschen. Es war Zeit aufzustehen und zur Schule zu gehen. Noch im Hemd, ohne mich zu waschen, noch anzuziehen, sollte ich am Tisch mit gefalteten Händen ein "Vaterunser" beten. Von allem Fremdartigen eingeschüchtert, gehorchte ich noch. Eine eingefangene junge Wildkatze kann nicht sanfter das Streicheln gegen den Strich von Menschenhänden ertragen als ich. Ebenso eifrig fing man an, mich zu lehren, wie ich mich "benehmen" sollte. Jetzt brachte mich der gutmütige Ohm in die Schule. Der Unterschied zwischen den Kindern in der Klasse mit feinen Kleidern, mit breiten und weißen Halskragen, und meinen zerlumpten Freunden zu Hause, war sehr groß. Alles sprach Hochdeutsch. Als ich gar nach meinem Namen gefragt wurde, und ihn hart und breit nach Art der Bauern "Caarinth" aussprach, schallte mir eine gellende Lache entgegen von allen den kleinen geschniegelten und gestriegelten Jungens, und das Hohngelächter wiederholte sich überhaupt nach jedem Wort, welches ich aussprach. Als ich gerade dem Lehrer eine leichte Rechenaufgabe beantworten sollte und das "Plus" und "Minus" vertauschte, weil ich es noch nie gehört hatte, so daß das Resultat verkehrt herauskam, schien es dem Lehrer so frivol, daß er mich aus der Bank herauszog, mir eins mit dem Rohr überriß und mir streng befahl, mich auf meinen Platz zu scheren.

So! Die Erfahrung hatte ich nun gemacht: feiner und schöner sah es hier aus, aber die Prügel waren dieselben. In der Zwischenstunde, wo alles auf den Spielplatz eilte, versteckte ich mich in einem Winkel unter den Bänken. Mehrere Tage vergingen in ähnlicher Weise. Eines Tages fühlte sich unser Lehrer Bildat krank und sah bleich aus. Er wollte uns nach Hause schicken. Ich freute mich schon, merkte aber zu meinem größten Erstaunen, daß die Kinder ihn baten, bleiben zu dürfen. Warum gingen sie nicht lieber nach Hause? Doch wir mußten dableiben, weil ihn ein anderer Lehrer vertrat. Keinen Freund hatte ich für die Zwischenpausen, ich versteckte mich, wie bisher. Ich wurde immer wegen meines bäuerischen Dialektes gehänselt. Da faßte ich den festen Entschluß von jetzt ab nur noch hochdeutsch in der Art zu sprechen wie die feinen Stadtkinder.

Als ich mit diesem Entschluß aus der Schule nach der Magisterstraße ging, empfing mich meine Tante in ihrer gewöhnlichen Art und fragte mich wie sonst in der plattdeutschen Sprache. Ich antwortete ihr aber hochdeutsch, außerdem hatte ich mir fest vorgenommen die

Tante "Sie" zu nennen; genau wie ihre Söhne, der Fritz und der August, meine Mutter und meinen Vater "Sie" nannten. Sie war nicht wenig verwundert über den Wechsel meines Benehmens, aber sie ließ es wohl zu. Es war auch keine gelegene Zeit, genauer darauf zu achten, denn ich hatte sie in einem Zank mit meinem kleinen Ohm gerade unterbrochen. Sie waren uneinig in etwas, was ich noch nicht verstand. Ich sah nur, in das Zimmer tretend, wie meine Tante tapfer gegen ihn schimpfte, und er, so gut es ging, seine Behauptung verteidigte. Als er nun gar noch die Hände zu Hilfe nahm gegen sie, die gut doppelt so groß war, da schubste ihn der jüngste Sohn, mein kleen Fritzke, gegen die Wand und sagte: "Was, Du willst meine Mutter schlagen?" Über diesen, beiden Parteien unangenehmen Zwischenfall, schien Ruhe einzutreten. Sogleich zog sich meine Tante in ihre Küche zurück, wo sie das Mittagsbrot bereitete. Das kochende Wasser siedete und plötzlich hörten wir ein Wehgeschrei: Das heiße Wasser war der Tante über die nackten Füße gelaufen und humpelnd und jammernd kam sie herausgestürzt. Mein Ohm aber tanzte triumphierend und jubelte: "Dat is goot, dat is goot!"

Das waren meine ersten Eindrücke aus der Gymnasialzeit.

# Frühe Bilder

## Käthe Kollwitz

Ich bin als fünftes Kind der Eltern geboren. Wir lebten damals auf dem Weidendamm Nr. 9 in Königsberg. Ich erinnere mich dunkel an eine Stube, in der ich tuschte, deutlich aber besinne ich mich auf Höfe und Gärten. Durch einen kleinen Vorgarten kamen wir auf einen großen Hof, der bis zum Pregel reichte. Dort hielten die flachen Ziegelkähne, und die Ziegel wurden auf dem Hof abgeladen und geschichtet, so daß Hohlräume blieben, in denen wir Kind und Mutter spielten. Links an den Hof schloß sich ein ebenfalls bis zum Pregel reichender Garten. Er hatte einen über das Wasser hinausgebauten runden Pavillon. Einmal, weiß ich, sang meine damals noch so junge Tante Lina wunderschön, aber traurig in diesem Pavillon. Rechts an den Hof - durch niedrige Gebäude getrennt -, nur an einer Stelle offen, schloß sich ein anderer Hof. An diesen knüpfen sich lebhafte und starke Erinnerungen. Unten am Pregel war ein Floß zum Wäschespülen. Da wurde einmal ein totes Mädchen angespült und mit dem Armen-Leichenwagen abgeholt, einem schauderhaften Leichenwagen und Sarg.

Dann wohnten da Ratkes, mit denen wir spielten, der Max, die Lene, die Liese. Sie waren alle älter als ich, vor allem spielten Konrad und Julie mit ihnen, ich wurde gerade noch so mitgeschleppt. Die Ratkeschen Kinder hatten ihre Mutter verloren. Der Vater war Kaufmann und hie und da betrunken. Einmal war ich mit den Mädchen oben in der Wohnung und sah den angetrunkenen Vater, wie er taumelte (entweder habe ich damals darüber sprechen hören oder im späteren Erinnern daran habe ich verstanden, was mit ihm los war in den letzten Jahren unseres Dortseins, wie ich wußte, was das war "betrunken").

In den niederen langgestreckten Gebäuden, die die beiden Höfe trennten, wohnte ein Gipsgießer. Da stand ich oft und sah zu, wie er formte. Ich rieche noch die feuchte Gipsluft da unten.

Von dem mittleren Hof führte am Hause vorbei ein Durchgang nach der Straße, dem Weidendamm. Hin und wieder, aber selten, führten die Spiele da hinaus. Die großen Kinder rannten da manchmal raus. Der Liese Ratke gingen immer ihre kurzen Zöpfe auf und flogen beim Rennen die glatten, dicken weißblonden Haare wie eine Fahne vom Kopf weg.

Bis zu meinem neunten Jahre wohnten wir auf dem Weidendamm. Immer haben wir Kinder mit Sehnsucht daran zurückgedacht. Es gab unendliche Spielgelegenheiten und viele Abenteuer auf den Höfen. Zum Beispiel war ein Steinkohlenvorrat am Pregel angefahren und auf dem Hof so aufgefliehen, daß er langsam anstieg und dann plötzlich abfiel nach der Seite des Vorgartens zu.

Es war eine gewagte Sache, da oben heraufzugehen bis ziemlich an den Rand. Ich selber habe es nie gewagt, aber der Konrad. Ein anderer Junge, der es tat, verunglückte dabei: oben am Rand glitt eine Kohle unter ihm fort, und er fiel auf den Staketenzaun runter.

Dann gab es die Grube mit dem ungelöschten Kalk, ein einzelnes Brett lag darüber. Wenn man hineinfiel, sollte man blind werden.

Dann gab es die Lehmhaufen, aus welchen Burgen gebaut wurden, eine hüben im Hof, eine drüben; die Angreifer schmissen mit Lehmkugeln, das tat gehörig weh.

Ich war an der Altersgrenze, wo es den älteren Geschwistern lohnend wird, einen mitspielen zu lassen. Später habe ich gern mit Jungen gespielt, damals war es mir doch noch sehr ängstlich, ich konnte mich nicht genügend gegen die älteren durchsetzen. Mein neunter Geburtstag zum Beispiel, weiß ich, war ein schwarzer Tag. Von vornherein liebte ich die Zahl 9 nicht. Dann bekam ich ein Kegelspiel geschenkt. Am Nachmittag, als alle Kinder damit spielten, ließen sie mich - ich weiß nicht warum - nicht mitspielen. Da hatte ich dann wieder Bauchschmerzen. Diese Bauchschmerzen waren ein Sammelbecken für körperliche und seelische Schmerzen. Damals begann wohl schon mein Gallenleiden. Ich ging tagelang elend und gelb im Gesicht herum und legte mich mit dem Bauch platt auf einen Stuhl, weil mir das wohl tat. Die Mutter wußte, daß ich unter Bauchschmerzen auch Kummer versteckte. Sie ließ mich dann neben sich sitzen, ganz dicht.

Meine Schwester Lisbeth war zu jener Zeit noch ganz klein und kam für mich kaum in Betracht.

Der Konrad war ein fixer, lebendiger und phantasievoller Junge. Er war den Eltern nicht ungehorsam, er tat, was sie sagten, aber er kam immer auf neue, noch unverbotene Abenteuer. Einmal, in der Indianerbücherzeit, beschloß er, nach Amerika auszuwandern. Er ging einfach über die Pregelwiesen los. Erst nach langem Suchen kam man ihm auf die Spur und brachte ihn zurück.

Auf Julie besinne ich mich aus jener Zeit wenig. Die Mutter erzählte später, daß sie ein sorgliches Kind gewesen sei, das, zwei Jahre jünger als Konrad, doch immer hinter ihm her gewesen sei, um ihn vor Unheil zu schützen. Schon damals begann ihr Bemuttern, gegen das wir uns später so auflehnten.

Die Mutter schickte sie und mich einmal zur Ernestine Castell. Als sie mit mir fortging, steckte sie aus der Dose ein Stück Zucker zu sich. "Warum?" fragte Tante Tina. "Es der Käthe in den Mund zu werfen, wenn sie brüllen will." Dies bockige Brüllen war gefürchtet. Ich konnte brüllen, daß es unerträglich war. Einmal muß es auch nachts gewesen sein, denn der Nachtwächter kam, um nachzusehen, was los sei. Ging die Mutter mit mir aus, so war sie froh, wenn ich nicht auf der Straße den Bock bekam und durch nichts zu bewegen war, weiterzugehen. Kam der Bock zu Hause über mich, so hatten die Eltern die Methode, mich allein in eine Stube zu sperren, bis ich mich ausgebrüllt hatte. Geschlagen wurden wir nie.

Im ganzen war ich ein stilles, schüchternes Kind und auch ein nervöses. Später traten an Stelle dieser Anfälle von Eigensinn, die sich in Gestrampel und Gebrüll äußerten, Verstimmungen, die Stunden und Tage anhalten konnten. Ich konnte es dann nicht über mich bringen, mit Worten die Verbindung mit den anderen aufrecht zu erhalten. Je mehr ich merkte, welche Last ich den anderen dadurch wurde, desto weniger konnte ich aus mir herauskommen.

Was war auf dem Weidendamm noch Schönes? Wagen und Pferde, die der Vater damals hielt. Die Pferde waren Füchse. Der Kutscher hatte einen blauen Tuchrock und hieß Gudovius. Später, als der Vater das Fuhrwerk aufgab, wurde aus dem blauen Tuchrock ein Anzug für Konrad gemacht. Er roch darin immer nach Gudovius, nach Pferden und Stall.

Die Ziegel, die von den Schleppkähnen auf dem Hof aufgefliehen wurden, wurden dann in Ziegelwagen wieder nach Vaters Bauten gefahren. Diese Ziegelwagen sind mit der Erinnerung an die Straßen von Königsberg ganz verquickt. Es fuhren immer mehrere nacheinander im langsamsten Tempo, staubig, knarrend, schleppend, elende Gäule, grobe, plumpe Kutscher. Mit einem solchen Ziegelwagen kam mal ein Fohlen mit auf unseren Hof. Es war blind. Konrad beschwor den Vater, es zu kaufen. Er ritt darauf, aber das Fohlen war doch nicht so blind, daß es nicht sah, wo Mauern und Bäume waren. Da steuerte es ran, um Konrads Beine dran zu quetschen.

Das Bild der Eltern aus jener Zeit ist mir nur dunkel. Der Vater war wohl sehr viel in der Arbeit. Wahrscheinlich hatten wir schon damals den Baukasten, den Vater uns hatte machen lassen. Es waren große, solide Klötze, und wir bauten viel damit. Von seinen gezeichneten Bauplänen in seiner Arbeitsstube fielen lange Streifen Papier ab. Die bekamen wir zum Bezeichnen. Konrads Phantasie ließ darauf immer Verfolgungen von Schlittenfahrten durch Wölfe oder ähnliches erstehen. Der Vater ließ alles dies nicht unbemerkt. Er hob sich bald manche Streifen auf, die wir bekritzelt hatten.

Auf die Mutter besinne ich mich aus jener Zeit gar

nicht. Sie war da, und das war gut. In ihrer Luft wuchsen wir Kinder auf. Die Mutter hatte zwei Kinder vor Konrad verloren. Es gibt ein Bild von ihr mit dem ersten Kind, das nach meinem Großvater Julius genannt war, auf dem Schoß. Es war das "Erstlings-Kind, das heil'ge". Dies Kind verlor sie und das zweite danach. Wer das Bild ansieht, erkennt, daß sie als Rupps Tochter nie fassungslos im Schmerz gewesen ist. Aber das schwere Leid ihrer frühen Mutterzeit, dem sie sich nie hemmungslos hingegeben hat, hat wohl bewirkt, daß sie etwas von der Entferntheit der Madonna an sich gehabt hat. Vertraute, Kameradin, Genossin ist unsere Mutter uns nie gewesen. Aber wir liebten sie. Nie war der Respekt, den wir vor den Eltern hatten, so groß, daß er der Liebe Abbruch tat.

Ein paar Minuten vom Weidendamm war dann der alte Pauperhausplatz. Nr. 5 wohnten die Großeltern. Davon ist noch viel zu erzählen.

Was wir mit dem Wegziehen vom Weidenzaun verloren haben, begriffen wir erst später ganz. Vorläufig freuten wir uns. Wir zogen jetzt nach der Königstraße in eines der schönsten neuen vom Vater gebauten Häuser. Im unteren Stock wohnten wir und daneben mein Onkel Julius Rupp, der sich damals verheiratet und als Arzt niedergelassen hatte. In diesem Haus bekam meine Mutter unter großen Schmerzen ihr letztes sehr geliebtes Kind, das auf Vaters Wunsch Benjamin genannt wurde. Auch dieses Kind wurde nur ein Jahr alt und starb wie das älteste Kind an der Meningitis. Ganz starke Eindrücke habe ich aus dieser Zeit behalten. Es ist wohl kurz vor dem Tode gewesen, wir saßen um den Eßtisch, und die Mutter war gerade beim Suppeinschöpfen, als die alte Kinderfrau die Tür aufriß und laut rief: Er bricht wieder, er bricht wieder. Die Mutter blieb still stehen und schöpfte weiter auf. Daß sie nicht vor uns weinte und aufgeregt war, empfand ich sehr, denn daß sie litt, fühlte ich deutlichst.

Für mich war Benjamins Tod noch mit besonderen drückenden Seelenumständen verbunden. Ich hatte von den Eltern sehr früh die Schwabschen Sagen geschenkt bekommen, und ich glaubte an die griechischen Götter. Ich wußte wohl, es gibt einen christlichen "lieben Gott", aber ich liebte ihn nicht, er war mir ganz fremd.

Lise und ich waren aus der Kinderstube geschickt; was Lise vorhatte, weiß ich nicht, ich saß auf dem Boden, hatte mir mit Klötzchen einen Tempel gebaut und war dabei, der Venus zu opfern. Da ging die Tür auf und der Vater und die Mutter kamen herein. Der Vater hatte mit dem Arm die Mutter umfaßt, sie kamen zu uns, und der Vater sagte, daß unser kleiner Bruder gestorben sei. (Wahrscheinlich sagte er, daß Gott ihn zu sich genommen hätte.) Sofort wußte ich: Das ist die Strafe für meine Ungläubigkeit, jetzt rächt sich Gott dafür, daß ich der Venus opfere. So wie ich zu den Eltern stand, sagte ich kein Wort, aber welch ein Druck war auf meiner Seele, daß ich an des Bruders Tod schuldig sei.

Dann lag der kleine Benjamin in der Vorderstube aufgebahrt und sah so weiß und schön aus, ich dachte mir: Nur die Augen aufmachen, dann lebt er vielleicht doch.

Aber ich traute mich nicht, die Mutter aufzufordern, daß sie die Augen des Kindchens aufmachen möge und daß dann alles gut sei. Ob ich gewagt habe, die kleine Leiche anzufassen, weiß ich nicht.

Konrad und ich waren in der großen Vorderstube. Konrad stand an der Tür zu der kleinen Stube, wo die Leiche lag. Da ging diese Tür auf und der Großvater Rupp trat heraus. Das ist das erste Besinnen, das ich bewußt an ihn habe. Er war drin beim Bennochen gewesen. Als er herauskam, stieß er auf Konrad, und er sagte einige ernste Worte zu ihm, meiner Erinnerung nach solche wie: "Siehst du nun, wie vergänglich alles ist?" oder ähnlich. Die Worte waren ernste Predigerworte und vom Konrad wohl (vielleicht?) verstanden. Mir kamen sie grausam und lieblos vor.

Dann sprach der Großvater neben dem kleinen Toten und dann fuhr der Vater, wohl auch der Großvater und Freunde mit ihm die Königstraße herunter durch das Königstor auf den Friedhof der Freien Gemeinde. Die Mutter stand am Fenster und sah dem Wagen nach. Ich hatte sie so schrecklich lieb, aber ich ging nicht zu ihr hin.

Meine Liebe für die Mutter war in jenen Jahren besorgt und zärtlich. Immer fürchtete ich, sie könnte verunglücken. Badete sie, auch nur in der Wanne, so fürchtete ich, sie könnte ertrinken. Einmal stand ich am Fenster, es war die Zeit, als die Mutter zurückkommen sollte, ich sah sie auf jener Seite der Straße kommen, aber ohne nach unserem Haus hinzusehen, mit dem ferngerichteten Blick, den sie hatte, ruhig weitergehen die Königstraße herunter. Wieder diese schwere Angst im Innern, sie könnte sich verirrt haben und nicht mehr zurückfinden! - Dann Angst davor, die Mutter könnte wahnsinnig werden. Vor allem aber Angst um den

Schmerz, den ich haben würde, wenn Vater und Mutter stürben. Manchmal war die so groß, daß ich wünschte, sie wären erst tot und ich hätte es hinter mir.

Für diesen Fall hatte ich schon vorgesorgt. Ich wollte dann zu Prengels gehen und ganz bei ihnen bleiben.

Aus den späteren Jahren von dem Leben in dieser Wohnung weiß ich nicht viel zu erzählen. Wir spielten im Garten Croquet und zankten uns greulich dabei und kamen ins Mogeln, daß die Eltern das Spiel beiseite brachten. Trotzdem auch hier ein Spielplatz und Garten an das Haus stieß, fühlten wir uns gegen den Weidendamm beengt. Aber eine große Schaukel war da, auf der schaukelte ich im Stehen für meine Begriffe ganz hoch, das war schön.

# An Königsberg

## Walter Scheffler

Seltsame Liebe zu dämmernden Gassen:
Steinerne Stadt wird dem Herzen zur Welt,
daß es sie möchte wie Mutter umfassen,
der es mit Banden des Blutes gesellt.
Wer kann ermessen, wieviel ihm gegeben
Wege und Wände, die lang er gewohnt?
Engten auch Wege und Wände sein Leben,
ward's ihm mit Kräften der Liebe gelohnt.
Tausendmal bin ich die Straßen gegangen,
alltagsgeblendet und trottendes Tier. -
Aber da nahm mich die Ferne gefangen,
und dort erwacht meine Heimat in mir:
Stadt, meine Stadt mit den steigenden Straßen,
wasserdurchflutet und seewindumsungen -
Hafengetöse und Schloßturmliedblasen
haben von Kind auf mein Werden umklungen.
Singen auch heute mir oft in die Stille
Trutzlied des Lebens, das betet und schafft.
Red' ich, so redet der Heimatstadt Wille,
schaff' ich, so handelt der Heimatstadt Kraft.

# Tochter des Glücks

## Hermann Sudermann

Aber eine Geschichte habe ich erlebt, bei deren Erinnerung ein Schauer der Tragik mich heute noch heiß überflutet.

Es war in den Maientagen meines dritten Semesters, und mein Verhältnis zur Couleur war schon so schlecht geworden, daß ich die Kneipe floh, wenn ich nur konnte. Wäre ich daheim geblieben, so hätte man mich aufgefunden und mitgeschleppt; darum trieb ich mich bis in die Spätdämmerung hinein im Volksgarten umher, einer neuen Parkanlage dicht an den Festungswällen, wo ich mich unbeobachtet fühlte.

Obwohl die Gegend nicht in gutem Rufe stand, war mir dort schon öfters ein junges Mädchen begegnet, das offenbar den besten Ständen angehörte und das mich im Vorübergehen aus übernatürlich glänzenden Augen mit dem freundlichen Blick des Wiedererkennens anzuschauen pflegte.

So faßte ich mir endlich ein Herz und zog meine Mütze. Und siehe da! Sie dankte mir mit einer Unbefangenheit, als wären wir längst schon gute Bekannte gewesen. Darum ergab es sich von selbst, daß ich vor ihr stehen blieb und ein Gespräch mit ihr anknüpfte.

Was ich erfuhr, war traurig genug. Sie war an der Schwindsucht krank und schon zwei Winter über im Süden gewesen. Im vorigen Herbste aber hatte sie ein

Gespräch des Arztes mit ihrer Mutter belauscht, in dem aus seinem Munde die Wendung gefallen war, daß dieser Aufenthalt, der der Familie die schwersten Opfer auferlegte, nur noch den Zweck habe, sie selbst über ihren Zustand hinwegzutäuschen, denn heilbar wäre sie doch nicht mehr. Ohne von ihrer Mitwisserschaft eine Spur zu verraten, hatte sie sich infolgedessen geweigert, die Reise noch einmal anzutreten, und dämmerte nun in heiterem Verzichte dem Erlöschen entgegen.

Da ihr das Atmen in frischer und staubfreier Luft verordnet war, habe sie die Erlaubnis spazierenzugehen, so lange und so spät sie wolle, und weil es auf dem Wege nach den landläufigen Vergnügungsorten der "Hufen" zu lebhaft und zu lärmend war, so habe sie sich den Volksgarten ausgesucht, wovon die Eltern freilich nichts wüßten. Aber es habe ihr noch niemand etwas zuleide getan, und ich sei der erste, mit dem sie je geredet habe.

Ich tröstete, so gut ich konnte. Ich sprach von Wundern, die rings um mich zu völliger Genesung geführt hätten, - mein Gott, was tat ich nicht, nur um ein wenig neue Lebenshoffnung in sie hineinzupumpen!

Sie hörte mir mit einem überlegenen, gleichsam verschmitzten Lächeln zu und sagte dann: "Ich bin müde. Wollen wir uns nicht setzen?"

In der Nähe stand eine Bank, von halbverblühten Fliederbüschen ganz überdacht. Die wählten wir uns und saßen inmitten der Dämmerung so versteckt, daß die Vorübergehenden uns fast auf die Füße getreten wären, ohne uns zu bemerken. Meine neue Freundin hieß Angela. So wenigstens wünschte sie von mir genannt zu sein. Aber ihren Vatersnamen sagte sie nicht.

"Ich bin aus guter Familie," erwiderte sie auf meine Frage, "und was ich jetzt tue, ist uns Mädchen streng verboten. Ich tue es auch nur, weil ich so gut wie gar nicht mehr auf der Erde bin und weil ich doch auch einmal etwas erlebt haben möchte, denn im Grabe erlebt man dann gar nichts mehr. Aber da ich meinen Eltern keine Schande machen darf, müssen Sie mir jetzt Ihr Ehrenwort geben, daß sie niemals nach mir forschen werden. Auch nicht hinten herum und auf keine Weise. Wollen Sie das?"

Dann, als sie mein Ehrenwort besaß, ließ sie jede Zurückhaltung fallen, lehnte den Kopf an meine Schulter und duldete, daß ich sie an mich zog.

In jener Zeit war es gerade auch dem Laien bekannt geworden, wie ansteckend die Schwindsucht ist, und darum beeilte ich micht nicht, meinen Mund auf ihre Lippen zu legen.

Sie bemerkte mein Zaudern wohl und sagte: "Ich weiß, Sie haben ein Grauen vor mir, denn Sie glauben, mein Atem ist giftig."

Da bezwang ich meine Feigheit und küßte sie.

"Mich hat noch nie ein Mann geküßt," flüsterte sie. Und dann, wie um sich zu entschuldigen: "Aber Mama küßt mich immer, und es hat ihr nie was geschadet."

Und als hätte sie damit den Zoll an ihr Gewissen gezahlt, schlang sie die Arme um meinen Hals und sog sich an meinem Munde so fest, daß sie selbst mit Gewalt nicht zu lösen gewesen wäre.

Da brach ein Hustenanfall ihre Inbrunst mitten entzwei, und ich dachte bei mir: "So küßt der Tod."

Aber weil nun doch schon alles egal war, nahm ich sie

von neuem in meinen Arm, und sie konnte sich an meinen Zärtlichkeiten nicht satt trinken.

Bevor wir uns trennten, mußte ich ihr versprechen, morgen abend an der gleichen Stelle zu sein.

Und so geschah es auch.

Daß ich todgeweiht war wie sie, darüber hegte ich fürs erste keinen Zweifel. Aber was tat das mir? Ich liebte sie ja, und weil ich sie liebte, wollte ich ihr gern ins Grab hinein folgen.

Nein, gerne nicht. Denn mein erstes Drama: "Die Tochter des Glücks" war fertigzuschreiben und manches andere noch hinterher.

Aber das Schicksal hatte es nicht gewollt, und darum hieß es mit Freuden zugrunde gehen.

Als sie mir folgenden Abends entgegenkam, lag ein Leuchten auf dem schmalen, in Weiß und Rosenrot getauchten Angesicht, als käme sie schon als Seraph aus Himmelshöhen.

Und dann, wie wir auf unserem "Bankchen" saßen und ich mich nicht entbrechen konnte, ihr von meiner "Tochter des Glücks" zu erzählen, da lächelte sie selig und flüsterte, sich an mich schmiegend: "Ich bin auch solch eine Tochter des Glücks."

Manchmal, wenn sie sich nicht enge genug an mich drücken konnte, warf sie sich mit wilder Gebärde auf meinen Schoß und war dann so leicht wie ein Vogel.

Am dritten oder vierten Abend erklärte sie, sie wolle mich morgen besuchen. Ich machte Ausflüchte, sagte, daß verschiedene Couleurbrüder dicht neben mir hausten und daß ich ihren Besuch nicht würde rechtfertigen können.

Aber sie ließ sich nicht abtrösten.

*Königsberger Dom*

"Ich werde im Halbdunkel kommen, so daß mich keiner mehr sieht, und still werde ich sein wie ein Mäuschen."

Und als ich einwarf, wir hätten ja hier viel mehr voneinander, deckte sie all ihre Wünsche auf und sagte ganz ruhig entschlossen: "Ich will dein gewesen sein, bevor ich sterbe."

Wie sehr ich auch nach ihr verlangte, das Geschenk, das sie mir hinwarf, schien mir zu groß, als daß ich es empfangen dürfte, und das sagte ich ihr.

Aber sie lächelte nur ungläubig und entgegnete, die Unterlippe herabziehend: "Ich weiß, wovor du Angst hast! Daß ich in deinen Armen den Blutsturz kriegen werde und daß dein schönes, weißes Bett dann besudelt ist."

Und wie immer, wenn ich ihr nicht zärtlich genug erschien, warf sie mir vor, ich hätte einen Ekel vor ihr, ich sähe sie schon in Verwesung, und es wäre das beste, sie mache freiwillig ein Ende mit sich.

Da erkannte ich, daß ich sie nicht in Verzweiflung treiben dürfe, und beschloß, sie hinzuhalten von einem Tage zum andern. Dabei aber liebte ich sie immer mehr. Tod und Leben - es war mir alles gleichgültig geworden.

Damit uns niemand beisammen sehen konnte, pflegten wir uns beim Abschied schon am Ausgange des Parkes zu trennen, so daß ich nicht einmal wußte, in welcher Stadtgegend sie zu Hause war.

An einem der nächsten Nachmittage aber, als ich den Hinter-Tragheim entlang zu Reubekeuls ging, erkannte ich plötzlich ihre Gestalt, die eigentümlich gleitend vor mir daherschritt.

Ich erschrak sehr, denn wenn sie sich umdrehte, mußte sie glauben, ich hätte meinem Ehrenwort zum Trotz ihre Wohnung erkundschaften wollen. Darum hielt ich an, bis eine größere Entfernung zwischen uns lag. Ich vermochte gerade noch ungefähr das Haus erkennen, in dem sie verschwand. Ob es das ihre war, oder ob sie nur einen Besuch darin machte, konnte ich freilich nicht wissen, und als ich abends mit ihr zusammentraf, hütete ich mich wohl, den Zufall zur Sprache zu bringen.

Am nächstfolgenden Abend wartete ich vergebens - und wartete noch viele Abende lang.

Und wieder an einem Nachmittage, als ich zu Reubekeuls ging, geschah es, daß ich vor den Häusern, in deren eines ich sie hatte eintreten sehen, die Straße schwarz fand von Karossen und wartenden Menschen. Und ein Leichenwagen war auch da. Ich kann nicht einmal sagen, daß ich einen Schreck bekam. Ich dachte mir nur: "Das mag sie wohl sein." Und dann stellte ich mich in eine nahe Haustür, ließ mir die Tränen über die Backen laufen und wartete. Wartete gar nicht lange. Da schwankte auch schon ein schwarzer Sarg, blumenverhangen, durch das weitgeöffnete Haustor und wurde auf den Wagen geschoben, der langsam davonrollte, während die Karossen sich mit weinenden oder stumpfsinnig glotzenden Menschen anfüllten.

Hinter jeder sogenannten "schönen" Leiche trottet ein Haufe von Klageweibern und anderen Nichtstuern her. Ihm schloß ich mich an und gelangte so unauffällig bis auf den Kirchhof, immer von dem Gedanken gequält, ob sie es wohl sei oder wer anders. Der offenen Grube wagte ich mich nicht zu nähern, denn ich war in hellem Sommeranzug und sah auch sonst ziemlich verwegen aus. Darum hörte ich von dem Abschiedsgebete des Geistlichen nur vereinzelte Worte, aus denen ich mir einen rechten Vers nicht machen konnte. Ich hätte es ja sehr leicht gehabt, bei den Leichenkutschern oder den Totengräbern Erkundigungen einzuziehen. Ob der Sarg ein junges Mädchen barg, mehr brauchte ich gar nicht zu wissen. Aber wie hatte die Klausel gelautet?: "Auch nicht hinten herum und auf keine Weise." Und mit meinem Ehrenworte nahm ich es sehr genau.

Heute erscheinen mir meine Bedenken lächerlich und beinahe nicht glaubenswert. Damals aber war ich so von ihnen besessen, daß ich jede Versuchung, mir Gewißheit zu verschaffen, empört zurückgewiesen haben würde.

Und dann war wohl auch noch ein wenig Romantik dabei. Die immer noch bleibende Hoffnung, sie könne mir auf der Straße eines Tages begegnen, umschmeichelte mich mit spannenden Bildern. Und wenn ich auch nicht mehr nach dem Volksgarten ging, in der Frühsommerdämmerung an dem schwarzscholligen Grabe zu stehen, dessen Kränze langsam verrotteten, und sich dabei vorzustellen: "Vielleicht ist sie es gar nicht," bot einen dauernden Genuß, dessen schmerzliche Seligkeit ich mir nicht zerstören durfte.

Jedenfalls: Tief kann meine Liebe zu ihr nicht gegangen sein, sonst hätte ich den Zweifel nicht lange ertragen. Und auch heute habe ich keine Gewißheit darüber, ob ich hinter ihrem Sarg gegangen bin oder nicht.

# Ein Königsberger Brief

## Carl von Clausewitz

Gestern stand ich auf der Brücke, welche den Hafen von Königsberg schließt und im Angesichte von unzähligen Mastbäumen in das wahre Handelsviertel, in den Sitz des Reichtums von Königsberg, über den stattlichen Pregel hinführt - gedankenvoll in die Wellen blikkend. Da erweckten mich mit einem Male die mannigfaltigen Erscheinungen der äußeren Welt, und der leicht aufgeschlossene Sinn erstaunte über die Menge und Verschiedenheit der Dinge, die wirkungslos an dem trägen Ohr vorübergegangen waren. Es war im reichsten, lebendigsten Teile von Königsberg, an einem Sonntag, da der Abend zum erstenmal eine sanfte Sommerluft duftete. Alles war in Bewegung, Wagen rollten über die Brücke mit geschmückten Frauen zum Glanze der Feste; Kaufleute gingen vorüber im lebhaften Gespräch über den Reichtum, den sie den ungewissen Wellen anvertraut. Ein sorgenvoller Staatsmann fährt durch die Menge hin, unbewußt des Gewühls, was ihn umgibt, selbst unbewußt des Ordensschmuckes, der von seinem Kleide glänzend in die Augen der Menge strahlt. Ein armes Weib sitzt auf der Brücke und trägt in einförmigem Gesange ihre Klage an das zerstreute Ohr der vorübergehenden Menge. Eine einzelne Flöte senkt vom hohen Erker herab ihr zufriedenes Lied in die Wellen - eine allgemeinere Stimme dringt der schmetternde Ruf der Posaune vom Schloßturm herab an das Ohr von ganz Königsberg - ich weiß nicht, ob jemand imstande ist, sich aus diesen Zügen ein Bild zusammenzustellen; aber wem diese ungleichartigen Dinge zugleich die Sinne treffen, in dessen Gemüt werden sie sich bald zu einem wunderbaren Eindruck verschmelzen.

# Das Tor zum Burgkirchenplatz

Eva Reimann

"Das Tor ist offen! Das Tor ist offen! Gleich kommt eine Hochzeitskutsche!"

Es schallte durch die Kreislerstraße und die Französische Schulstraße. Wir Kinder riefen es uns zu und liefen zum Schiefen Berg. Vor dem dreitorigen Barockportal zum Burgkirchenplatz blieben wir erwartungsvoll stehen. Die schmiedeeiserne Schranke im großen Torbogen war nur geöffnet, wenn eine Hochzeitskutsche erwartet wurde. Auch Straßenpassanten blieben stehen. Wenn Königsberg auch eine Großstadt war, so hatten sich seine Bewohner doch das teilnehmende Gefühl für solch ein Ereignis bewahrt. Ein Hochzeitszug wurde immer freudig begrüßt.

Um von der belebten Straße "Am Schiefen Berg" durch das schmale Tor auf den Burgkirchenplatz zu fahren, mußte die Hochzeitskutsche eine scharfe Rechtskurve nehmen. Der Kutscher, mit weißem Zylinder auf dem Kopf und dem Myrtensträußchen am Revers, hatte die Pferde scharf zu zügeln. Auf der freien Fläche des weiträumigen Burgkirchenplatzes konnten die Pferde wieder anziehen. Im Trab, wie es sich für eine Hochzeitskutsche gehörte, fuhr sie vor das Eingangsportal der Burgkirche. Über den ausgelegten, tannenbestreuten Läufer betrat das Brautpaar mit der Hochzeitsgesellschaft die Kirche. In meiner frühen Kindheit konnten wir bis zu zwölf Kutschen zählen, die zum Brautzug gehörten. Während der Hochzeitsfeier in der Kirche warteten die Gespanne auf dem Burgkirchenplatz.

Selten entging uns Kindern solch ein Ereignis. Gehörte doch der Burgkirchenplatz zu unserem erweiterten Spielfeld. Hier hatten wir Auslauf für unser "Räuber und Gendarm Spiel", für "Greifchen" und "Wer fürchtet sich vorm schwarzen Mann?" Um die Burgkirche herum gab es durch die Bauweise der Kirche entstandene Nischen, die wir mit Strichen abteilten und zu unserem Land, unserer Wohnung erklärten bei unseren Phantasiespielen.

Die Bauweise der Burgkirche, der Kirche der Reformierten, die auch Agnes Miegel aufsuchte, deren eindrucksvoller Bau 1690-1696 der "Nieuwe Kark" im Haag nachgebaut wurde, habe ich als Kind von den Eindrücken der Spiele ausgehend, vorerst nur von unten erfaßt. Die Vorsprünge, die Nischen, die rythmische Schwingung der Wand der barocken Bauweise, den Rauhverputz, die helle Farbe der Kirche, weiß und rosé. Bis mit dem Größerwerden des kleinen Menschen auch der Blick für die Größe, die Höhe, die Ganzheit wuchs. Die beeindruckende Schlichtheit und klare Gliederung des Innenraumes nahm ich das erste Mal während der Aufführung der Matthäus-Passion in der Burgkirche, eines meiner ersten Konzerterlebnisse, bewußt in mich auf.

Die Burgkirche, die mit ihrer ausgreifenden Dachkonstruktion über die Baumkronen der Schloßteichpromenade über das Wasser herübergrüßte, gab mir, wenn ich sie von dort sah, immer das sichere Gefühl - da bist du zu Hause.

Ja, dort auf dem stillen Platz, mitten in der Großstadt, hat das Kind viele Ersteindrücke der umgebenden Welt in sich aufgenommen. Kastanien lagen auf dem Boden, dick, braunglänzend. Die stachelige Hülle mit der watteweichen Höhlung, zersprungen auf dem Kopfsteinpflaster. Ein staunender Blick in das Geäst, das die Frucht abwarf, Geäst gegen Himmelsblau. Baum, großer Baum. Und da wuchs auf dem Platz zwischen den buckeligen Steinen Gras und die duftende Kamille mit kleinen grüngelben Köpfchen. Zwischen den Fingern zerrieben hielten wir sie uns unter die Nase. "Riech mal, das duftet, Kamille."

Und dann war da noch ein kleiner verträumter Blumengarten, an dessen schiefem Zaun wir manchmal stehenblieben. Eine Verzauberung mitten in der Großstadt. Er lag an der Rückfront eines kleinen Hauses, in dem der ältere Ernst Wichert, der Schriftsteller des Werkes "Heinrich von Plauen", in den letzten Jahrzehnten des 19. Jahrhunderts gewohnt hat. Sein Name stand über der Türe der Vorderfront des Hauses in der Französischen Schulstraße, in dem jetzt die Buchdrukkerei Kaminski war. Ein Lieblingsaufenthalt war der Burgkirchenplatz auch für E.T.A. Hoffmann in seiner Königsberger Zeit.

Eine Welt der Stille und Beschaulichkeit barg dieser Platz bis in unsere Tage. Der verschlossene Torbogen hielt jeden Verkehr fern, bis auf die Hochzeitskutschen.

Ja, es war etwas Besonderes, dieses Tor am Burgkirchenplatz. Am Schiefen Berg gelegen, an einer der Hauptverkehrsadern, die von der Königstraße und dem Roßgärter Markt zur Altstadt, zum Kneiphof und weiter zum Hauptbahnhof führte, wurde es in der Hast des Verkehrs oftmals übersehen. Man brauchte solch ein Ereignis wie den Hochzeitszug oder Zeit zum verweilenden Anschauen, um sich an seiner schlichten Schönheit und der Ausgewogenheit der Maße zu erfreuen. Die Stadt im Norden hatte nicht viele barocke Bauelemente aufzuweisen. Den dreiteiligen Torbogen schmückten drei Rokoko-Statuetten. Über dem großen Tor das Sinnbild der Gerechtigkeit, über den kleinen Toren, für die Fußgänger bestimmt, die Statuen der Barmherzigkeit und Liebe.

So manches Mal bin ich in späteren Jahren stehengeblieben, wenn ich auf der anderen Straßenseite des Schiefen Berges ging und habe dieses Bild in mich aufgenommen, den dreitorigen Durchgang mit den Figuren, den Durchblick zum idyllischen Burgkirchenplatz und zum hellichten Bau der Burgkirche. -

Eines Tages war zu den drei Figuren des Torbogens noch eine dazugekommen. Sie war nicht aus hellem Sandstein wie die anderen und stand nicht wie ihre schönen Schwestern auf dem Torbogen. Sie stand unter dem Torbogen, neben sich zwei halbrunde Weidenkörbe mit geräucherten Flundern zum Verkauf. Tag für Tag stand sie fortan dort. Das weiße, dunkelgepunktete Kopftuch an der Seite gefaltet und unter dem Kinn geknotet, dunkel das Kleid mit dem weiten Rock. So stand sie am Tor und bot ihre Flundern an. Der Verkehr hastete an ihr vorbei, Straßenbahnen, Autos, eilige geschäftige Menschen. Um sie aber war etwas von ihrer eigenen Welt, aus der sie zu uns kam. Aus dem Gesicht, von der Seeluft gebräunt, sahen zwei helle freundliche Augen. In ihnen lag etwas von der Helle und Weite der See. Ihre Gebärde und ihre Stimme drückten verhaltene Demut aus. Den Oberkörper leicht vorgebeugt, den Arm ausgestreckt, hielt sie den Vorbeieilenden in der braunen festen Hand auf dem Papier einige Flundern entgegen.

"Scheene Flundre! Madamche! Scheene Flundre!"

Berühmt waren die Königsberger Fischfrauen für ihre Schlagfertigkeit und derbe Rede. Wehe, wenn ein Madamchen zu fragen wagte: "Sind die Fische auch frisch?" Dann hagelte es nur so an deftigen Ausdrücken in ostpreußischem Platt.

Von solcher Art war unsere Flunderfrau, wie wir sie bald nannten, nicht. Sie war eine von den stillen Menschen, die nicht heftig werden, die in ihrer Ruhe und Freundlichkeit um sich etwas wie Wärme verbreiten. Wir kauften oft Flundern von ihr. Manchmal war es unser Vater, der von einem Geschäftsweg kommend bei ihr anhielt und einige Flundern zum Abendbrot mitnahm. Zu gerne aß er selbst die frischgeräucherte Flunder.

Eines Tages stand unsere Flunderfrau nicht mehr da. Es war Kriegszeit, die Lebensmittel waren rationiert und die Fischer wurden ihre Ware auf andere Weise los. Unsere Flunderfrau brauchte wohl nicht mehr die weite Fahrt nach Königsberg auf sich zu nehmen, um in der verkehrsreichen Straße am Tor zu stehen und ihre Flundern anzubieten.

Im vorletzten Kriegsjahr sind wir ihr noch einmal begegnet. Auch in dem Jahr verlebten wir unsere Sommerfrische an der See, wenn auch, wegen der Ernährungslage, verkürzt. Bei einem unserer Abendwege durch das dünige Gelände des Fischerdorfes kamen Vater und ich an dem Räucherplatz der Fischer vorbei. An von Wind und Salzluft ausgebleichten Holzstangen hingen in langen Reihen die zusammengebundenen Flundern zum Trocknen. Vor der Räucherkuhle hantierten einige Fischerfrauen. Würzig zog der Duft des Räucherholzes in Schwaden durch die Luft.

"Schischken. Sie räuchern mit Schischken", meinte Vater, den Duft einziehend. Ja, da stand ein breiter Weidenkorb mit Kiefernzapfen. Wir traten näher an die Räucherkuhle heran. Eine Partie Flundern war gerade fertig und wurde zum Abkühlen auf ein Holzbrett gelegt. Da lagen sie, goldbraun und fettglänzend, diese flachen breiten Fische der Ostsee, mit ihrem wohlschmeckenden Fleisch. Verführerisch stieg der Duft der frischgeräucherten Flundern zu uns auf.

"Guten Tag, gute Frauen", grüßte Vater kurzentschlossen. "Ein paar Flundern können Sie wohl einem hungrigen Städter verkaufen. Wir haben schon lange keine Flunder mehr geschmeckt."

Die wohl älteste der Frauen maß Vater von oben bis unten mit abschätzendem Blick, und da ging das Gedonner auch schon los.

"Kiek dem, mit Schlips und Kroage. Sonst kiekt he uns nich an. Nu will he Flundre!"

In Königsberg, auf dem Fischmarkt, da rechnete man wohl mit solchen Ausbrüchen. Aber hier, unter hellem Himmel, die Füße im Sand, den Anschlag der Wellen im Ohr, da überraschte uns das wie ein plötzliches Sommergewitter. Wir wollten uns zum Gehen wenden, da richtete sich eine der jüngeren Frauen, die frische Flundern für die nächste Schicht über das Räuchergestänge gehängt hatte, auf, und wir hörten eine gute Stimme beruhigend und entschlossen sagen:

"Laß, Anna, dem kenn ich, der kriegt."

"Unsere Flunderfrau vom Tor zum Burgkirchenplatz!" entfuhr es mir. Sie sah uns mit ihren hellen Augen freundlich an und nickte, schlug einige Flundern in Papier, und mit der uns vertrauten Gebärde, den Oberkörper etwas vorgebeugt, den Kopf schräg haltend und auf dem seegebräunten Gesicht das warme Licht der Freundlichkeit, reichte sie diese meinem Vater hin.

"Herrche, hier."

# Am Hafen

## Fritz Kudnig

Im Hafen ein Gewirr von schlanken Masten
und schwarze Schornsteinriesen, zwischen denen
der Schiffe schwere Rümpfe plump sich dehnen.
Und ringsumher der Menschen Lärm und Hasten.

Fast federleicht, als wären sie soeben
entnommen einem Kinderspielzeugkasten,
sieht man, bewundernd, Hundertzentnerlasten
hoch überm Deck der breiten Schiffe schweben.

Die Krane kreischen -, Eisenketten klirren.
In einem Schiffsbauch schon Maschinen stampfen.
Mit Schweiß bedeckte Menschenleiber dampfen,
und Schreie, scharf wie Stahl, die Luft durchschwirren.

Bei all dem Lärmen, Stampfen, Kettenklingen
hört man der Arbeit Feueratem hasten.
Und schaut man die vom Schaffensrausch Erfaßten,
fühlt selbst man Kraft, das Schwerste zu vollbringen.

*Im Hafen*

# Vor den Toren

## Gertrud Papendick

Ich war auserwählt, in einer Festung zur Welt zu kommen und aufzuwachsen, zum mindesten empfand ich es so. Seinerzeit, das war noch ehe wir die Schwelle des Jahrhunderts überschritten, erfüllte mich dieses Bewußtsein mit Stolz und dem Gefühl einer unbedingten Geborgenheit. Kein Feind konnte je über uns kommen. Und da ich meine Vorstellungen nicht aus der Wirklichkeit bezog, sondern aus Gehörtem, das sich in mir verwandelte, aus Phantasien und Träumen, lebte ich in der Gewißheit, wir wären damit auch gegen alle sonstigen Übel der Welt geschützt, gegen Heuschrekken und Pestilenz, gegen räuberisches Gesindel und die Mächte der Finsternis.

Es mußte unheimlich sein, in einer offenen Stadt zu leben, wie etwa Danzig es war. Dort wehte der Wind herein, wie es ihm gefiel, und trug mit sich, was man nicht sah noch hörte, noch fassen konnte. Eine offene Stadt, gewiß, war allen Gefahren ohne Abwehr ausgeliefert.

Aber in Königsberg waren wir sicher. Königsberg lag geschützt im Ring seiner Wälle, um die außen noch der tiefe, schlammige Graben lief. Die roten Mauern waren derartig fest und stark, daß nichts so leicht sie erschüttern oder durchschlagen konnte. Und hinter ihnen zog sich im Innern rundum der gewaltige Gürtel der Besatzung mit Kasernen und Kasernenhöfen von Fußvolk und Reitervolk, mit Pferdeställen und Magazinen, Haubitzen und Feldschlangen, mit Pulverfässern, mit Haufen gestapelter Granaten und unzähligen Gewehren - bis hin zum Rüstzeug der Brücken- und Straßenbauer und dem Fuhrpark des Trosses, auch Train genannt.

Im Wall gab es tiefe, offene Luken, durch die man im Ernstfall die Kanonen abfeuerte. Doch damals kam das nicht vor, und gewiß würde es auch niemals wieder geschehen. Denn Kriege gab es doch wohl nur noch hinten weit in der Türkei, für uns waren sie Vergangenheit und Geschichte. Von all den schönen Versen über die verschiedenen Waffengattungen bereitete mir dieser, der hier folgen wird, Beruhigung und inniges Wohlgefallen: Der auf der Protze sitzt und frißt, das ist der preuß'sche Artillerist!

Wir sahen am Wrangelturm, nahe bei den Kürassieren, mit Vergnügen durch jene Mauerfenster, über den Oberteich in die freie Welt hinaus.

Es gab bei uns wohl Tausende von Soldaten, sie hielten Wache um den Stadtkern, in dem das Bürgervolk hauste und friedlich schlafen konnte; sie paßten scharf auf den Pregel nach Osten und nach Westen und hüteten die Tore, acht an der Zahl, die freilich bei Tag und Nacht offenstanden.

Es war für mich durchaus nicht einzusehen, warum man die Tore nicht wenigstens nachts versperrte und die Zugbrücke überm Wallgraben hochzog, wie es in jeder Burg oder Festung oder Zitadelle von alters her Brauch war; denn vielleicht schlich sich sonst doch einmal unversehens das Unheil herein. Aber mein Vater sagte, Königsberg sei eine moderne Festung. Ihre Vorposten waren draußen tief in die Erde gegraben und mit Rasen zugedeckt, sie nannten sich Forts. Und außerdem lief dort noch eine besondere Landstraße von geheimnisvollem Charakter um die Stadt. Ihre Bäume marschierten akkurat wie Soldaten dahin, sie hieß Ringchaussee und war Sperrgebiet der Festung. Wer sich etwa unterstand, mit einem Privatfuhrwerk die Ringchaussee zu befahren, wurde sofort gestellt und aufgeschrieben. "Aufgeschrieben", das war soviel wie "des Landesverrats verdächtig" und bestimmt noch schlimmer, als in der Schule wegen ungebührlichen Betragens ins Klassenbuch geschrieben zu werden.

Wenn wir auf einer offenen Straße draußen die Ringchaussee kreuzten, dachte ich voll Schaudern daran. Aber gewiß war es nur zum Heil unserer Stadt und seiner Bewohner: alle Wege zu den Toren hinaus lagen unter dem Schutz der Festung.

Im steten, langsamen Ablauf der Zeiten mochte sich das Leben aus den engen Gründen der Stadt ans Licht gewagt haben. Ich kannte diese Gegend nur allzu gut. In Handwerks- und Gewerbesbanden hatten sie Jahrhunderte hindurch in den engen Gassen der Altstadt und im steilen Löbenicht gehaust, im Kneiphof zwischen den Pregelarmen und rings um den Dom und vielfach über die Brücken hinaus in den Freiheiten; es hatte sehr viel Zeit gebraucht, bis das stadtverwurzelte Volk begriff, daß das Werk der Schöpfung weiter reichte als bis zu den Wällen und ohne Zweifel auch für die Städter da war, wennschon wohl niemand darauf kam, daß man sogar draußen wohnen könnte. Das geschah erst viel, viel später.

Es mag gewesen sein, als es zum Steindammer Tor hinaus bereits die Pferdebahn gab, daß die eine oder andere wohlhabende Familie zum Sommeraufenthalt für einige Wochen auf die Hufen zog, in eins jener leichtgebauten Häuser, die man Villen nannte. Sie standen im Winter leer und wurden nur für den Sommer von ihren Besitzern gerüstet, die sie entweder selbst bezogen oder zur Miete vergaben. In den schattigen Gärten an der sandigen Straße, nahe dem Park Luisenwahl, war es im geweihten Raum der preußischen Geschichte und in vornehmer Zurückgezogenheit angenehm und standesgemäß zu wohnen.

Aber das war nicht das Eigentliche.

Das Eigentliche waren die Wege der vielen Hunderte zu allen Toren hinaus, hin zu den Stätten der Freuden, Sonntag für Sonntag zur seligen Sommerszeit.

So manche trieb es schon um Sonnenaufgang aus den Federn und ins Freie hinaus, die säumigen Schläfer in den Betten hörten sie zum Klang der Ziehharmonika singend durch die Straßen ziehen, bis das Tor die Morgenmusik verschlang. Draußen marschierten sie im Gleichschritt frohgemut in die Frühluft.

"Wer recht mit Freuden wandern will, der geh der Sonn' entgegen ..."

Allmählich erst erwachte die Stadt aus schwerem Sonntagsschlaf und sah aus vielen Fenstern besorgt nach dem Himmel. Vielleicht trieb gerade eine Wolke über dem Dom und hinterm Schloßturm vorbei. In den steigenden Vormittagsstunden und besonders am frühen Nachmittag zog es dann im besten Staat in hellen Haufen hinaus, die jungen Leute im guten Anzug und Strohhut, Blume im Knopfloch und spazierstockschwenkend, in kleinen Gruppen und zu zweien; die Familien in sich gesammelt, die Kinder um die Eltern geschart, im Kinderwagen das Kleinste mitsamt den Vorräten im Freßkorb; die heranwachsenden Töchter, wohlfrisiert, in leuchtenden Sommerkleidern unter väterlicher Aufsicht sittsam voran.

Auf allen Straßen wanderte es aus dem Innern der Stadt wie auf den Strahlen eines Sternes nach außen, weg von Enge und Bedrängnis, vom Einerlei des Alltags, von mancherlei Sorgen und heimlichen Kümmernissen ins Freie und Grüne, in einen Tag des Ausruhens, des Vergnügens und Abenteuers. Sie alle trieb das Verlangen hinaus und dahin, die Alten und die Jungen und die Kleinen, Bürger und Handwerker, Meister und Gesellen, Studenten und Schüler, Soldaten und lockere Mädchen.

Eine Völkerwanderung zog, geschlossen und in Abständen, den Steindamm hinunter, die Königstraße und den Sackheim. Gleich Stromschnellen überholten die Behenden und Ungeduldigen federnden Schrittes die Bedächtigen. Die vom neugeschaffenen Geschlecht der Radfahrer ließen die Wandernden hinter sich, und Wagen, mit wackeren Rossen bespannt, Familienfuhren, vollbesetzt bis zum Kutscherbock, und geräumige Journalieren rollten eilig dazwischen vorbei. Sie waren bald den Blicken entrückt, es ging auf dem Dammweg, Chaussee genannt, auf dem da und dort noch ein Zoll zu entrichten war, weiter hinaus in die ländlichen Fluren, eine Meile gar und weiter, nach Wargen oder Tannenkrug, Vierbrüderkrug, Neuhausen und Eichenkrug - durch Wald und Wiese und Korn, irgendwohin ins schöne Samland oder ins Natangerland.

Es wird bald nicht mehr viele geben, die noch wissen, wie herrlich es war, mit Pferden über Land zu fahren.

Doch die Fußgänger in ungemessener Zahl strebten zu jenen Plätzen nicht weit von der Stadt, wo es sich bald nach Mühe und Hitze des Weges wohl sein ließ.

Ich weiß nicht, ob die Königsberger zu jener Zeit und auch wohl später ganz besonders ausflugsfreudig gewesen sind. Es erscheint eigentlich so, wenn man die Menge dieser freundlichen Stätten bedenkt, die rund um die Stadt verheißungsvoll gelagert waren. Und sie alle kamen an den Sonntagen des Sommers zu ihrem Recht, die Besitzer auf ihre Kosten und darüber hinaus auch die Kellner zu gutem Verdienst.

Durchs Steindammer Tor ging es zur Villa Nova und zur Flora, zum Drachenfels, nach Luisenhöhe und Julchenthal und weiter hinaus nach Juditten-Luisenthal. O Täler weit, o Höhen ...

Der Tiergarten entstand erst später, als das Jahrhundert schon reif zum Abdanken war.

Vom Tragheimer Tor kam man nach Tragheimsdorf. Vorm Roßgärter Tor lag das Restaurant Rennplatz Carolinenhof, das von der benachbarten Rennbahn und dem edlen Pferdesport eine bedeutende und großartige Atmosphäre empfing. Das Königstor öffnete die schattige Straße durch die langen Reihen der Kirchhöfe, die an den Sonntagen viele stille Besucher erhielten. Doch große Scharen wanderten begeistert hinaus zu den zahlreichen Etablissements, zum Café Sprind, nach Königshöh, zum Schweizerthal und nach Kalthof. Vom Sackheimer Tor zog die Straße am Pregeltal hin, und es gab einen Wettbewerb zu Lande und zu Wasser. Von der Holzbrücke am Münchenhof fuhren die kleinen

Dampfer vollbepackt pregelaufwärts nach Arnau, wo die alte, schöne Ordenskirche stand und über dem Uferhang das Gasthaus im schattigen Garten.

Südwärts wanderte man vom Haberberg durchs Friedländer Tor den tüchtigen Weg nach Aweiden, durchs Brandenburger Tor in Richtung Berlin, nur nicht so weit, sondern zum Südpark-Ponarth und nach Schönbusch. Vom Holländerbaum verlockte der Holsteiner Damm pregelabwärts zur Mündung bei Gr. Holstein und zum Frischen Haff; vom Ausfalltor, dessen Name so schrecklich an Not der Belagerung gemahnte, ging es zur nahgelegenen, friedlichen und sehr beliebten Neuen Bleiche ...

Dort überall trafen sie ein und ließen sich nieder. Wer frühzeitig an Ort und Stelle war, konnte sich die Plätze nach Belieben aussuchen - im Garten in Sonne oder Schatten, nahe der Straße oder ein wenig abseits; oder unter Dach und "im kühleren Sälchen", je nach Neigung und Bedarf und dem Angesicht des Himmels. Wenn die Zeit da war, gab es kaum mehr einen freien Stuhl. Sie saßen und ruhten sich aus und hatten zunächst nur den einen Gedanken: Kaffee!

Die einen und die andern bestellten ihn wohl bei dem willigen Kellner, das waren die Übermütigen und Großspurigen. Es war nicht das allgemein Übliche. Was für eine sonderbare und doch gesegnete Zeit ist es gewesen, in der es möglich war, daß die Gäste sich ihren Vorrat samt und sonders mitbrachten. Sie brauchten nichts als kochendes Wasser nebst Kanne, Tassen und Tellern, höchstens noch ein Kännchen mit Sahne. Und das wurde ihnen ohne Murren, bereitwillig und mit freundlichem Gesicht geliefert.

Dann packten die Mütter aus, schütteten den gemahlenen Kaffee in die Kanne und brühten ihn auf. Wahrhaftig, so war es: Der alte Brauch wird nicht gebrochen ... Der selbstgebackene Napfkuchen wurde aus dem Kober geholt und aufgeschnitten, jedes Familienmitglied wurde mit einer großen, dicken Scheibe beteilt, der Kaffee, der inzwischen genügend gezogen hatte, durchs Sieb eingegossen, und das Fest war im Gange. Manche Stunde konnte man so sitzen und alles genießen, die guten Sachen, die reinere Luft und das heitere Bild ringsum, auch Lärm und Gelächter an den vielen Tischen, denn das gehörte mit dazu.

Schließlich packten die sorglichen Hausfrauen die Reste wieder ein, sofern es noch welche gab, und manche von ihnen holten den Strickstrumpf vor, denn was hätten die arbeitsgewohnten Hände sonst wohl anfangen sollen! Die Männer saßen indes bei der Zigarre und beim Glas Bier und bestellten dazu wohl noch einen Schnaps. Dann holten sie die Karten heraus. Das junge Volk erging sich im Grünen, und die Kinder tobten herum. Kinder vom Sackheim, vom Haberberg und Weidendamm, und woher sie sonst gekommen waren, spielten selig auf der Wiese, pflückten Gänseblümchen und sangen im Kreis. Es gab kaum ein Gasthaus, das im Hintergrund seines Gartens nicht auch eine Schaukel oder eine Wippe hatte, und hier und da war sogar ein Teich mit schwankendem Steg und angekettetem Boot; sie konnten doch wenigstens hineinsteigen und auf der Stelle rudern und zur Abwechslung vielleicht ein bißchen ins Wasser fallen. Dann erst war das Abenteuer vollkommen.

Vorn am Haus belagerten immer ein paar den Automaten und das Huhn, das für ein Zehnpfennigstück gackernd ein Blechei, mit Bonbons gefüllt, zur Welt brachte. Und wenn sie noch so viel Kuchen gefuttert hatten, der Automat tat es ihnen unwiderstehlich an.

Wenn Haus und Bäume lange Schatten warfen, ging es an den Aufbruch, und vorher wurde dann auch noch gezahlt. Es wurde das kochende Wasser bezahlt, mit zehn Pfennig pro Portion, und das bißchen Sahne; für das gelieferte Geschirr wurde überhaupt nichts berechnet. Und wenn nicht noch ein paar alkoholische Getränke dazukamen, war die Zeche unsagbar bescheiden. Man kann sich heute kaum vorstellen, wie da der Gastwirt auf seine Rechnung kam; aber er muß doch wohl ...

Es gab in jenen fernen, gesegneten Zeiten ja auch einmal schlechtes Wetter, nur bestimmt nicht so viel wie heute. An einem Regensonntag blieben die leidenschaftlichen Ausflügler geduldig zu Hause. Aber an heiteren Tagen kam es vor, daß es am klaren Himmel plötzlich schwarz und drohend heraufzog, daß es dumpf und immer stärker werdend grollte und sich über den friedlichen Stätten und dem fröhlichen Volk gewaltig entlud. Dann stürzte alles ins Innere, das die Menge kaum fassen konnte, sie saßen und standen gedrängt, hielten heroisch aus unter Blitz und Donner und hörten es mit Behagen herniederrauschen und an die Fenster trommeln. Die meisten waren entschlossen, das Wetter abzuwarten. Doch wenn es gar zu lange dauerte, dann blieb keine Wahl, und sie machten den Nachhauseweg durch den Regen. Von den Frauen schlugen sich manche die Röcke um den Kopf, die Männer krempelten die Hosen ein Stückchen hoch, die Kinder patschten durch die Pfützen. Es regnete, regnete, aber die Luft war rein und wie neugeschaffen. Von allen Richtungen her kamen sie wieder zu den heimischen Toren hinein, müde, durchweicht, ziemlich mitgenommen und schon von neuem hungrig, ein geschlagenes Heer. Sie kamen zurück in ihre Straßen und in die Geborgenheit ihrer Behausungen.

Und es war dennoch ein schöner Tag gewesen.

# Sturmnacht

## Agnes Miegel

Es führt an ihren Toren
Drei Wappen die alte Stadt, -
Ich bin auf der Insel geboren,
die den Arm im Schilde hat.

Er hebt aus den blauen Wellen
Eine goldene Krone ins Licht, -
Vieler Städte Wappen sah ich, -
Ein schöneres sah ich nicht.

Der Tauwind trieb die Wolken
Über Maste und Giebeldach, -
Da sangen die Morgenglocken
Des Doms meine Seele wach.

Nun schrecke ich auf in dem fernen
Land bei des Weststurms Wehn, -
Mir ist, ich hör die geborstenen
Glocken wieder gehn, -

Mir ist, als hebt aus dem Dunkel
Eine Hand den Kronreif empor, -
Das bist Du, ruhmgekrönte
Heimat, die ich verlor!

# Es gab nicht nur eine Französische Straße

## Fritjof Berg

In Königsberg gab es seit langer Zeit eine Französische Straße. Sie war so benannt nach jenen französischen Refugiés, die unter dem Namen "Hugenotten" bekannt sind und als Glaubensflüchtlinge in Preußen Aufnahme fanden. In Königsberg waren es anfangs 350 Refugiés, die auf der sogenannten Burgfreiheit angesiedelt wurden und die vom damaligen Schloßtor zum Kreuztor führende Burggasse bevölkerten. Das berühmteste Kind der Französischen Straße war der Dichter E.T.A. Hoffmann. Nachfahren der Refugiés gab es im Laufe der Zeit im ganzen Stadtgebiet, meine Mutter kaufte oft im Strick- und Kurzwarengeschäft Donovang auf dem Steindamm ein, und ebenfalls auf dem Steindamm holte ich mir manchen Schulartikel aus dem Papier- und Schreibwarengeschäft Gallathe. Aber nicht von dieser Französischen Straße und der Ausbreitung französischer Namen über ganz Königsberg soll hier weiterhin die Rede sein.

Mein Vater hatte in der Schrötterstraße/Ecke Gustloffstraße einen Bäckereibetrieb, in dem er von 1938 bis Mitte März 1945 Brot backte. "Ich backe Brot, Brot geht voran vor allen Gottesgaben. Das müssen Kaiser und Edelmann und Bauer und Bürger haben", so stand es in holzgeschnitzten Buchstaben auf dem Deckenabschluß der Verkaufsregale.

Der Betrieb mußte in jenen Jahren mit den allgemeinen kriegswirtschaftlichen Schwierigkeiten und Einschränkungen fertig werden. Mein Vater und die meisten männlichen Belegschaftsmitglieder waren zur Wehrmacht eingezogen. Als der Krieg im Westen - wie wir damals erleichtert glaubten: endgültig - beendet war, kam als Hilfskraft eines Tages Monsieur Robert G. aus Lyon zu uns. Mein Vater, der nun schon zum zweiten Mal in seinem Leben als Soldat in Frankreich stand und dem dort die betriebliche (nicht militärische) Leitung einer Bäckereikompanie oblag, befand sich gerade auf Heimaturlaub. Ich werde die erste Begegnung zwischen den beiden Männern nie vergessen. In der aufgeräumten und vom hellen Sommerlicht durchfluteten Backstube reichten sie sich die Hand. Mein Vater trug Zivil, Robert seine französische Uniform. Meine Mutter dolmetschte, so gut es mit ihrem Schulfranzösisch ging. Das erste Wort, das keine Antwort benötigte, war die achselzuckende Frage: "Pourquoi - warum?" Es folgten Erläuterungen, die das Einleben in das Haus und den Bäckereibetrieb betrafen.

Robert wurde in den ersten Wochen noch mit einem Trupp seiner Kameraden, die an anderer Stelle arbeiteten, zu unserer Bäckerei gebracht und nach Arbeitsschluß am Nachmittag wieder von dort in ein Lager abgeholt. Das geschah unter Bewachung eines einzigen Wehrmachtspostens, der etwas verloren wirkte und Anlaß zu der Frage gab, wer eigentlich wen bewachte. Doch schon bald hörte dieser truppweise An- und Abmarsch auf, und Robert wohnte in unserem Hause, wie wohl auch manche anderen seiner Kameraden bei ihren Arbeitgebern. Es muß 1941, vielleicht auch erst 1942 gewesen sein, als der Status der französischen Kriegsgefangenen in den von Zivilarbeitern umgewandelt wurde. Das war eine Maßnahme, die die persönlichen Beziehungen weiter verbesserte und einer Normalisierung näherbrachte.

Robert nahm von Anfang an an der Beköstigung im Hause teil. So unterschiedlich die deutsche Kost - dazu mit den kriegsbedingten Beschränkungen - im Vergleich zu den französischen Eßgewohnheiten auch gewesen sein mag, entscheidend war, daß das Essen für alle Familien- und Betriebsangehörigen auf der Grundlage der Lebensmittelkarten und etwaiger Sonderzuteilungen einheitlich war. Zu Weihnachten nahm Robert vor dem großen Tannenbaum in unserem Wohnzimmer ebenfalls an der - kriegsmäßig bescheidenen - Bescherung teil. Meine Mutter wünschte dann mit Handschlag für die Zeit nach dem Kriege "Freundschaft zwischen unseren Völkern wie hier", und Robert ging danach regelmäßig zu seinen Kameraden. Im Sommer sang er meiner Mutter, wenn sie im Garten arbeitete, mitunter französische Lieder vor. Ganz ernsthaft beschäftigte er sich mit dem Gedanken, nach dem Krieg in Königsberg zu bleiben. Er wollte hier Gewächshäuser bauen und die Königsberger Bäckereien mit Südfrüchten versorgen.

Im Blumengarten meiner Mutter geschah es auch, daß ich an einem hochsommerlichen Tag gegen ein unbekanntes Wespennest stieß, das in einem Strauch versteckt war. Da ich ein kurzärmeliges Hemd und kurze Hosen trug, erhielt ich im Nu eine Vielzahl von Wespenstichen. Robert, der zufällig in der Nähe war, nahm einen leeren Blumentopf. Diesen stülpte er über das Wespennest, entfernte es von den Zweigen - und warf es anschließend in die Feuerung des Backofens. Nach meiner Erinnerung machte er das alles so geschickt, daß ihn nicht eine einzige Wespe stach. Aber gefährlich war diese Aktion für ihn trotzdem.

Er selbst hatte einmal eine schlimme Entzündung am rechten Oberarm. Auch wenn die Diagnose medizinisch nicht ganz korrekt wiedergegeben sein mag, ist die Erkrankung als "Blutvergiftung" in die Annalen der Familie eingegangen. Die Sache war wohl ebenso ernst wie schmerzhaft. Mit Engelsgeduld ließ Robert sich von meiner Mutter täglich neue Verbände anlegen und befolgte gewissenhaft alle Therapieanweisungen, bis die Entzündung ausgeheilt war.

Uns Kindern gegenüber verhielt Robert sich immer wie ein väterlicher Freund. Wenn ein Rotkreuzpaket für ihn via Lübeck eingetroffen war, rief er uns jedesmal in sein Zimmer und verteilte die Gaben, die für uns nur noch Traumartikel darstellten, vor allem Schokolade. Einmal zeigte er uns voller Stolz und Freude Bilder von seiner Frau und seinen beiden kleinen Kindern in Lyon. Bestimmt war es ihm dabei sehr schwer ums Herz, aber das haben wir Kinder entweder nicht bemerkt, oder er hat es vor uns verborgen. Sehr geheimnisvoll tat Robert stets in "seinem" Konditoreiraum. Oft hatte er sich dort eingeschlossen und öffnete seinen Sesam erst, wenn er mit den Konditorkünsten fertig war. Dann gab er uns stolz, freudig und reichlich Anschnitte von Wiener Rollen, oder er übersah es großzügig, wenn ein paar Eclairs, die wir "Liebesknochen" nannten, in die - besonders im Kriege - immer hungrigen Kindermäuler wanderten. Eine Zeitlang belieferte mein Vater eine Luftwaffeneinheit; dann fiel hin und wieder auch schon einmal eine Schmeckprobe von den Sonderzuteilungen wie Ananas oder anderen ganz selten gewordenen Dingen ab, die er von der Luftwaffe zur Herstellung des Gebäcks erhielt. Hatten wir an anderen knapp und selten gewordenen Zutaten wie Rosinen, Mandeln, Nougat oder Kondensmilch heimlich genascht, so drohte Robert oft, er würde es dem "Meister" sagen. Der "Meister", mein Vater, war bald nach Beendigung des Frankreichfeldzuges aus der Wehrmacht entlassen worden. Aber Robert hat seine Drohung nie wahr gemacht.

Nur einmal bekam ich die deutsch-französische Zunftstrenge und Handwerksehre in voller Schärfe zu spüren. Es mag 1943 gewesen sein, ich war damals zwölf Jahre alt. Als es Herbst wurde, wollte ich an einem Nachmittag die gerade gereinigte Backstube zum Nachtrocknen von Winterfutter für meine zwanzig Kaninchen benutzen, mit denen Robert in allen Stadien ihrer irdischen Wanderung übrigens geschickt umzugehen verstand. Ich hatte also mein Heu in der ganzen großen Backstube ausgebreitet, ohne mir weiter Gedanken darüber zu machen, wer nach dem Wegräumen den überall verstreuten "Feinschnitt" beseitigen würde. Als Robert diese Hinterlassenschaft entdeckte und ich mich weigerte, den Fußboden wieder sauber zu machen, beschwerte er sich beim "Meister". Mein Vater rief mich sofort zu sich, und in Roberts Gegenwart erhielt ich eine Lebensregel, für die ich meinem Vater überaus dankbar bin und die mir besonders in den bald folgenden schweren Zeiten vieles leichter gemacht hat. Robert und überhaupt niemand sei mein "Paslack" für Dreck, den ich selbst veranstaltet hätte. Ich hätte diesen gefälligst selbst zu beseitigen, und zwar so, daß Robert keinen weiteren Anlaß zur Beschwerde habe. Es folgte ein kurzes, aber gründliches Selbststudium im Umgang mit Besen und Schaufel, das Robert schließlich dadurch beendete, daß er mir den Rest der Reinigungsprozedur abnahm.

Im Hochsommer 1944 reichte die Eindringtiefe der alliierten Bomberströme auch bis nach Ostpreußen, und so wurde mein Elternhaus in der Schrötterstraße, nur sechs Jahre nach seiner Errichtung, bei einem schweren Nachtangriff englischer Bomber auf Königsberg am 29./30. August 1944 total zerstört. Nur die Backstube blieb wie durch ein Wunder weitgehend unbeschädigt. Robert hatte als erster bemerkt, daß auch unser Haus getroffen war. Eine Stabbrandbombe, die durch die Kellertür am Gang zum Luftschutzkeller geschlagen und hier bereits in den Glühprozeß übergegangen war, expedierte er eigenhändig nach draußen. Dann lief er treppauf in unsere schon lichterloh brennende Wohnung. Meinen Vater, der dort ebenfalls hinaufgerannt war, ließ er nicht aus den Augen. Robert entriß den Flammen, was noch zu retten war. Viel war es nicht mehr. Umso mehr wiegen aber der Mut und die hochherzige Haltung dieses Franzosen. Niemand hatte Robert zu seinem Rettungsversuch aufgefordert, niemand hätte ihn dazu zwingen können. Alles geschah, obwohl der Terrorangriff noch im Gange war. Allein ein verirrter Flaksplitter konnte in dieser Situation lebensgefährlich sein.

Sein wagemutiger Einsatz erscheint in einem umso helleren Lichte, als es wenige Wochen zuvor zu einem denkwürdigen Vorfall gekommen war: Die Invasion der Westmächte in Frankreich war gelungen. In dieser Situation plante Robert eine Reise nach Lyon. Ich war zugegen, als er sein diesbezügliches Gesuch meinem Vater vortrug. Mein Vater entgegnete, daß er als Mensch volles Verständnis für Roberts Wunsch habe. Er selbst würde in einer vergleichbaren Lage nicht anders handeln. Trotzdem müsse er Roberts Wunsch ablehnen. Er bedauere dies zutiefst, aber er könne nicht anders. Robert reagierte heftig. Mein Vater erwiderte nunmehr, daß die Ereignisse in Frankreich Robert zur Teilnahme an Kampfhandlungen gegen die deutsche Seite bringen könnten. Er versicherte ihm als ehemaliger Soldat, daß er dies für ehrenhaft halten würde. Aber umgekehrt bäte er um Verständnis, daß er einer solchen Möglichkeit im Interesse seiner deutschen Kameraden nicht Vorschub leisten könne. Das in gegenseitiger Achtung geführte Gespräch endete auch von Roberts Seite ohne Feindschaft. Sein Grollen mag geblieben sein, aber er hat ihm keinen freien Lauf gelassen, als billige Gelegenheit dazu bestand.

Robert hat auf seinem Posten ausgeharrt und allen Familien- und Betriebsangehörigen die Treue gehalten, bis der Betrieb meines Vaters im belagerten Königsberg Mitte März 1945 - für immer - geschlossen werden mußte. Seitdem haben wir Robert aus den Augen verloren. Möge Gott beim Untergang Königsbergs seine schützende Hand über diesen Menschen gehalten und ihm ein gesundes Wiedersehen mit den Seinen in Lyon beschieden haben!

Als Anfang 1945 die endlosen Trecks über Ostpreußens Straßen zogen, führten zahllose Franzosen die Fluchtwagen, weil sich die ostpreußischen Männer an der Front befanden oder gefallen waren. Das gute Verhältnis von Deutschen und Franzosen bewährte sich jetzt. Französische Kriegsgefangene oder Zivilarbeiter teilten oftmals auch das Los der Deutschen, als diesen gegenüber die Gebote der Menschlichkeit versagten und das Morden, Vergewaltigen und Plündern an der Tagesordnung war. Immer wieder haben diese Männer, die doch nur durch die Kriegsgeschehnisse und gegen ihren Willen nach Ostpreußen gekommen waren, die Daheimgebliebenen zu schützen und zu beschirmen versucht, wurden selbst in den Strudel des Untergangs hineingerissen, wenn sowjetische Angriffsspitzen die Trecks der Flüchtenden überrollten.

In der Erinnerung der Königsberger und vieler Ostpreußen bleibt nicht nur die alte Französische Straße in Königsberg, bleiben nicht nur die Heerstraßen Napoleons, von denen wir von Kindesbeinen an in der Schule hörten. Viele Franzosen wurden im Kriege unsere Freunde und Nachbarn, sind mit den Vertriebenen 1945 ihre Straße gezogen. Sie haben dabei manche "Französische Straße" neuerer Zeit in Ostpreußen und in unserem Gedächtnis hinterlassen.

# Der Zoo

## Otto Besch

Der Tiergarten war im Sommer unser liebster Aufenthalt. Dort ging es musikalisch zunächst noch ziemlich primitiv zu. Die Musik oblag nämlich den Königsberger Militärkapellen. In dem Glauben, hier Besonderes bieten zu müssen, wurde dann im Programm oft zu hoch gegriffen. Im Vorspiel zu Wagners "Tristan" wandelte sich der "hehre Held" ganz unversehens zum kgl. preuß. Feldwebel und Isolde zur handfesten Marketenderin. Das Sehnsuchtsmotiv aber bekam bedenkliche Neigung, sich im Ausdruck mit dem "Gebet einer Jungfrau" zu vermählen.

Die Kapellmeister der Königsberger Regimenter waren in der Zeit, da es noch zweifarbiges Tuch gab, die unbestrittenen Könige auf dem Feld der tönenden Muse. Klar vor Augen steht mir noch, um seiner äußeren Erscheinung willen, der dunkelhäutige Sabac el Cher, der groß und schlank gewachsene, stets von Backfischen umschwärmte, schöne Othello von Königsberg, der sich in der Uniform eines Obermusikmeisters sehr stattlich ausnahm. Da war aber vor allem Albert Krantz vom 43. Infanterieregiment, der kleine Herr mit dem grauen Spitzbart und dem immer etwas geröteten Gesicht. Er galt mit Recht als ein um die Militärmusik hochverdienter Mann.

Der Königsberger Zoo wurde immer mehr zum Anziehungspunkt erster Ordnung. Seine hübsche Lage an der Hufengrabenschlucht, die gärtnerisch reizvollen Anlagen mit der Tulpen- und Hyazinthenpracht im Frühling, vor allem aber die Sommer-Konzerte der Theaterkapelle unter Leitung der besten Königsberger Dirigenten, machten das begreiflich. Wie es sich bald herausstellte, richtete sich die Schaulust weniger auf die geschwänzten und gefiederten Insassen der Gehege, sondern auf die eigene Gattung. Die breiten Promenadenwege vor den Musikpavillons luden zum fröhlichen Flanieren ein. Auf warmen Sommerlüften schwang sich die Musik über die Köpfe hinweg, und Tausende frönten dabei dem Sport des Knüpfens zarter Bande durch gegenseitiges Beäugeln. Klang und Eros gingen Hand in Hand, wobei sich die Gefahr ergab, dem Stärkeren der beiden nachzugeben und sich von seinen Banden in die abgelegenen Teile des Gartens ziehen zu lassen.

Die bewaldete Hufengrabenschlucht ergab mehrere der von Paul Lincke so schön besungenen Liebeslauben. Doch wehe dem Pärchen, das sich beim Austausch von Zärtlichkeiten ertappen ließ! Denn über die Moral wachte streng der damalige Direktor des Tiergartens, Geheimrat Claaß, der Mann im wehenden Havelock mit dem schwarzen großen Schlapphut. Er scheute sich nicht, schnäbelnde Turteltauben mit waschecht ostpreußischen Kraftausdrücken aufzuscheuchen und aus seinem Tempel zu vertreiben.

Eine bedeutsame Wendung nahmen die Tiergartenkonzerte mit dem ständigen Sommer-Engagement der Kapelle des Opernhauses. Dirigenten dieser Konzerte waren damals Max Brode, Paul Frommer und

Ernst Wendel, der spätere Generalmusikdirektor von Bremen. Ihre Programme brachten insgesamt ein kleines Kompendium der Musikgeschichte älteren und neueren Datums. Was Wunder, wenn sich die Königsberger Musikfreunde Abend für Abend um das Orchester scharten und sich zu musikästhetischen Betrachtungen anregen ließen. Wendel, der es liebte, moderne Werke zu bringen, mußte das Orchester zu diesem Zweck vergrößern. Dann griff er kurzentschlossen in die Zuhörerschaft zu seinen Füßen, und mancher musikalische Laie, so auch ich, hat damals im Salome-Tanz von Richard Strauß oder in einer Mahler-Symphonie die kleine Pauke oder große Trommel bearbeitet.

Noch eins mag aus fernen Zeiten hier kurz erwähnt sein: Eines schönen Tages im August 1906 unternahm Ernst Wendel das Wagnis, die Orchesterkomposition eines damals noch blutigen Dilettanten in einem Nachmittagskonzert ohne Probe vom Blatt spielen zu lassen. Sie entstammte - das muß nun heraus - der Feder des Schreibers dieser Zeilen. Auf dem Programm war sie nicht als solche verzeichnet. Da stand vielmehr sinnigerweise: Ouvertüre zu "Banditenstreiche" von Suppé. Es gab eine furchtbare Katastrophe. Schließlich ging alles durcheinander, und nur der Fagottist behielt den musikalischen Faden in der Hand. Er erhob sich sogar von seinem Stuhl und blies, wie es einem "Solisten" zukommt, seinen Part hartnäckig bis zum Ende. Die alten Damen unten vor dem Musikpavillon waren bei Kaffee, Kuchen und Strickstrumpf guter Dinge. Sie schienen von der Katastrophe nichts zu bemerken und noch weniger von der furchtbaren Situation im Innern des jungen Tonsetzers, der zu früh nach den Sternen griff und nun wie ein Ikarus mit zerstörten Flügeln den Kampfplatz verließ. Die Partitur verblieb im Tiergarten, bis ihr der Brand der Konzerthalle kurz nach dem ersten Weltkrieg den verdienten Garaus bereitete.

In anderen Tiergartenkonzerten brachte Paul Scheinpflug 1911 mein "Björnson"-Vorspiel zur Uraufführung, und zwar mit einigem Erfolg. Im Juli 1912 ließ er in den Sinfoniekonzerten das "Nachspiel eines Menschenlebens" folgen, das ich in Erinnerung an den Tod meines Bruders Ernst geschrieben hatte. Es war ein großer, mich sehr beglückender Erfolg. Darauf in einer traumhaft schönen Sommernacht mit Freunden glückliches Verweilen in mehreren Gartenlokalen. Bei einer Bootsfahrt auf dem Schloßteich sahen wir die Stadt in einer wunderbaren Morgenröte erglühen. O selige Erinnerung, beste, auf Jahre und Jahrzehnte liebevoll schmeichelnde Freundin des Menschen!

Im Februar 1914 folgte, ebenfalls unter Paul Scheinpflug in Königsberg, die Uraufführung meiner "Lustspiel-Ouvertüre". Man schreibt mir - ich studierte damals in Berlin - wie "entzückend" sie geklungen hätte. Und Scheinpflug schrieb, er sei ganz verliebt in das Stück. Er hat das kleine Werk dann im Juli des gleichen Jahres noch einmal im Ostseebad Dubeln bei Riga aufgeführt. Dort ist die Partitur während des bald folgenden Krieges anscheinend verlorengegangen. Scheinpflug sagte mir allerdings, er hätte sie im Konservatorium der Stadt Riga zur Aufbewahrung gegeben. Ich selbst habe das Stück nie gehört.

In jene Zeit fällt auch das für mich auf Jahrzehnte bedeutungsvolle Ereignis meiner ersten Bekanntschaft mit einer Wagneroper. Ich hörte "Lohengrin". Die Elsa sang Ida Hiedler von der Berliner Königlichen Oper. Der Eindruck war unbeschreiblich. Es war für mich ein elementares Ereignis, das mich auf Tage so in der Gewalt hatte, daß ich zu allem anderen unfähig war. Ich fühlte mich eine ganze Woche wie betrunken. Vielleicht hätte mich dieser Rausch bedenklich stimmen können, aber Wagner war für mich nun zunächst der größte Meister. Wenige Tage später lernte ich "Tannhäuser" kennen und dann die "Meistersinger". Das alles, ohne auch nur auf Sekunden zu ermüden, vom Stehparterre unserer Oper aus. Es blieb nicht bei einem Besuch, jeden Pfennig kratzte ich zusammen, um die Werke immer wieder zu hören. Ich kann den Zustand der Ekstase, die mich erfaßt hatte, mit Worten kaum beschreiben. Das Leben hatte sich hier von einer ganz neuen Seite erschlossen, und ich war seither gewillt, mich für immer auf diese Seite des Daseins zu schlagen.

Bis dahin hatte es freilich noch gute Wege. Je mehr ich von diesen Dingen schwärmte, desto größer wurde bei anderen, die für mich verantwortlich waren, Besorgnis und Widerstand. In immer schwärzeren Farben wurde mir das Los des Künstlers geschildert. Auch mich beschlichen Bedenken aller Art. Aber ich hatte den Trost, der Entscheidung noch fern zu sein. Noch besuchte ich die Schule. Zunächst hieß es, das Abitur zu machen. Das rückte mittlerweile in bedenkliche Nähe. Im Februar 1904 war es so weit: Ich hatte eine Lükke in der Mathematik. Was tun? Dem Schreckgespenst der Klausurarbeit mußte irgendwie begegnet werden. So wurde schließlich folgender, in angstvollen Nächten erdachter Plan durchgeführt: Ein Mitschüler von mir, der in den Sprachen schlecht, in Mathematik aber vorzüglich war, mußte vom Examen zurückstehen. Ihn hatte ich als Hilfsposten ausersehen. Er kam am Tage der Klausur ins Gymnasium, ich schlich mit der Angabe körperlichen Übelbefindens - wobei ich die Wahrheit sprach - ins Freie, übergab die Aufgaben dem besagten Kameraden und holte sie nach zwei Stunden in gelöstem Zustand wieder ab. Frohen Mutes sprang ich die Treppen hinauf. Doch da - welch schreckliche Fügung des Schicksals - kam mir einer unserer Lehrer entgegen. Ich stolperte und mein ganzes mathematisches Wissen unterbreitete sich seinen Füßen. Ja, wenn es nicht Professor Euling gewesen wäre, einer der vornehmsten und beliebtesten unserer Lehrer, dann wäre es wahrscheinlich aus gewesen mit meinem Abitur. Ich sah aber nur ein feines Lächeln um seine Lippen spielen, und damit war der Fall ausgestanden. Sechs Jahre später war er in einem Konzert mit meinen Kompositionen und lobte mich sehr.

# Mein erster Haushalt

## Fanny Lewald

Einige Wochen nach Fanny Lewalds 14. Geburtstag wurde das letzte Kind der Familie geboren; ihr wurde zum ersten Mal eine verantwortungsvolle Aufgabe übertragen, die Leitung des Haushalts.

Unser Hausstand umschloß in jenem Augenblicke siebzehn Menschen: die Eltern, acht Kinder, von denen die vier Jüngsten einander fast Jahr auf Jahr gefolgt, und also noch alle völlig hilfsbedürftig waren, drei Commis, einen Lehrling, eine Köchin, die alte Kinderfrau, welche zur Wartung der kleinen Schwestern wieder zu uns zurückgekehrt war, und endlich eine Amme. Das war ein Personal, welches eine Menge von Bedürfnissen hatte, und das um so schwerer zu versorgen war, als man damals in den bürgerlichen Haushaltungen, die sich wie wir einzuschränken und genau über ihre Ausgaben zu wachen hatten, noch eine Art von Wirtschaft führte, die in großen Städten nicht anwendbar ist und auch in Königsberg vielleicht jetzt nicht mehr üblich sein mag. Sie war insofern sehr vernünftig, als sie den Grundsatz festhielt, daß es vorteilhaft sei, im Großen und Ganzen zu kaufen, wo die Billigkeit des Raumes Aufspeicherung gestattet; aber man hegte daneben das unzweckmäßige Verlangen, alles, was irgend möglich war, im Hause selbst zu fabrizieren. Man richtete sich ein, als lebte man auf dem Lande, und nahm alle Mühen über sich, welche die Entfernung von der Stadt der Landwirtin auferlegt, während man die Dienstboten und Lebensmittel mit städtischen Preisen bezahlen mußte.

Freilich waren der Lohn der Dienstboten und die Preise der Lebensmittel damals verhältnismäßig noch sehr gering. Eine Köchin erhielt je nach ihren Leistungen achtzehn bis vierundzwanzig, ein Stubenmädchen nicht über zwanzig Taler, und daß die Eltern der Kinderfrau, um sie für ihre langjährigen Dienste zu belohnen und sich die treue und verläßliche Person für die Kinder zu sichern, dreißig Taler zahlten, das wurde von der Familie als eine in unsern Verhältnissen fast unerhörte Ausgabe betrachtet. War das Jahr gut, so zahlte man für den Scheffel Kartoffeln zehn Silbergroschen, hatten wir Teuerung, so konnte er bis zu vierzehn steigen. Kaufte man ein fettes halbes Kalb, so galt das Pfund im Durchschnitt einzweidrittel, bis zweieinhalb Groschen, der Wert der übrigen Fleischarten war entsprechend. Ein Huhn bezahlte man mit fünf- bis siebeneinhalb Groschen, junge Hühner im Sommer, wenn man sie noch eine Weile füttern wollte, mit zweieinhalb, Gänse mit vierzehn Groschen. Zum Preise von zweieinhalb Groschen konnte man durch die Sommerzeit auch eine Mandel Eier haben, ein Pfund Butter galt fünf Groschen und die Fische und das Obst waren sehr billig. - So allein war es aber auch möglich, daß ein Hausstand wie der unsere durch das ganze Jahr mit siebzig Talern monatlich, welche mein Vater dafür ausgesetzt hatte, seinen völligen Bedarf an Lebensmitteln und Beleuchtung, den Zucker abgerechnet, bestreiten konnte, während doch ab und zu Gäste in das Haus kamen und noch eine Menge kleiner Ausgaben und Reparaturen von der ausgesetzten Summe gedeckt werden mußten.

Eine ordentliche Königsberger Familie legte sich also im Herbste ihre zehn, zwanzig Scheffel Kartoffeln in den Keller. Einige Scheffel Obst wurden im Sommer geschält und aufgereiht und bei dem Bäcker getrocknet, Pflaumen- und Kirschmus im Hause gekocht. Von allen Gemüsearten wurde der nötige Vorrat im Herbste für das ganze Jahr angeschafft und in Beeten von grobem Sand, je nach ihrer Art, in den Kellern untergebracht, was man Einkellern nannte. In gleicher Weise wurden ganze Fässer voll Sauerkohl und Gurken, Töpfe voll roter Rüben und marinierter Heringe eingemacht, der feinern Früchte und der für Krankheitsfälle nötigen Gelees und Fruchtsäfte nicht erst zu gedenken. Selbst Kamillen, Holunder und Kalmus wurden für vorkommende Fälle im Sommer von den Kräuterleserinnen gekauft und als Vorrat für den Winter aufbewahrt.

Aber das genügte noch nicht. Allwöchentlich wurde das Roggenbrot zu Hause angeteigt, mußte zu Hause säuern und besonders bei dem Bäcker gebacken werden. Gab es einen Geburtstag oder ein Fest, so wurde der Kuchen im Hause gebacken. Die Milch kaufte man, wie sie von der Kuh kam, um selbst die Sahne abzuschöpfen, das Bier ließ man in Fässern kommen und füllte es selbst auf Flaschen. Wurst wurde, wenn man es haben konnte, wenigstens einmal im Jahre im Hause gemacht, Schinken und alle Pökel- und Rauchfleischwaren galten für besser, wenn sie nicht vom Schlächter besorgt waren. Um sich vorteilhafter einzurichten, kaufte man je nach der Jahreszeit halbe Hammel, halbe Kälber und halbe Schweine. Daß bei solchen Ansichten alles Federvieh im Hause gemästet, im Hause gerupft wurde, daß man die Federn sammelte und sie schleißen ließ, und daß also natürlich auch alles, was irgend möglich war, im Hause gestrickt, genäht und geschneidert wurde, braucht nicht erst erwähnt zu werden. Die Grille der Selbstfabrikation ging so weit, daß man die Töchter nicht nur im Schneidern und Putzmachen unterrichten ließ, was insofern sehr vernünftig war, als es uns geschickt und unabhängig machte, sondern man ließ eine Zeit hindurch auch Schuhmacher in die Familien kommen, um das Schuhmachen zu lernen, um die Damen- und Kinderschuhe im Hause verfertigen zu können.

Wahr ist's, solch ein Haushalten im Großen und Ganzen hatte seine Reize. Es lag ein Vergnügen in dem weiten Voraussorgen, wenn man die Mittel hatte, ihm zu entsprechen. Die gefüllten Speisekammern und Keller mit ihren Steintöpfen, Fässern, Kasten und Schiebladen, waren hübsch anzusehen. Das Backobst auf den Schnüren, der Majoran und die Zwiebeln verliehen, im Verein mit den Gewürzen, der Speisekammer einen prächtigen Duft, das aussprossende Gemüse in den Kellern roch vortrefflich. Man hatte ein Gefühl des Behagens, wenn nun alles beisammen war. Nun konnte der Winter in Gottes Namen kommen! Der Besuch eines unerwarteten Gastes genierte auch nicht im geringsten. Wie überall, wo man aus dem Vollen wirtschaftet, war man eher geneigt, einmal etwas draufgehen zu lassen; und für die Kinder gab es bei all dem Backen und Obsttrocknen, Einkellern, Einkochen und Wurstmachen, vielerlei Vergnügen, auf das man sich im voraus freute. Die Männer bezahlten in vielen Fällen diese Art der Wirtschaft nur mit mehr Geld als nötig, die Frauen mit einem Aufwande von Kraft, der oft weit über ihr Vermögen ging, und zu irgendeinem nicht auf den Haushalt und die Familie bezüglichen Gedanken blieb denjenigen, die wie wir bei allem selbst Hand anlegen mußten, wenn ihr Sinn nicht entschieden auf Höheres gerichtet war, kaum noch Zeit übrig. -

Daß nach diesen Angaben eine Königsberger Familie viel Raum haben mußte, daß Keller, Boden, Kammern und ein Hof unerläßlich, daß mehr Dienstboten dafür nötig waren, versteht sich von selbst. Rechnet man nun noch die fanatische Reinlichkeit meiner Landsmänninnen dazu, für die es damals ein Dogma war, alle Zimmer wöchentlich einmal scheuern zu lassen, eine Gunst, welche den Fluren und Treppen zweimal in der Woche widerfuhr; rechnet man dazu, daß die Spiegel und sogar die Fenster, solange die Kälte dies bei den letztern nicht unmöglich machte, wöchentlich geputzt, die Stuben jeden Morgen feucht aufgewischt und nach dem Mittagessen, wo es tunlich war, noch einmal gekehrt und abgestäubt wurden, so entstanden mit dem notwendigen Reinhalten der Küche, der Kammern und des vielen für alle diese Vorräte nötigen Geschirres, eine nicht endende Arbeit und Unruhe, und eine Atmosphäre feuchter Reinlichkeit, in welcher Orchideen und Wasservögel, je nach der Jahreszeit, eigentlich besser an ihrem Platz gewesen wären als wir Menschenkinder.

Rastlos wie die Frauen es auf diese Weise wurden, waren es die weiblichen Dienstboten noch viel mehr, und alle Teile klagten gelegentlich darüber. Indes, wer es den damaligen Hausfrauen - ich spreche von einer Zeit, die ein Menschenalter hinter uns liegt - zugemutet hätte, irgendeiner ihrer wirtschaftlichen Gewohnheiten zu entsagen, wer ihnen zugemutet hätte, ihr Brot vom Bäcker, ihr Backobst vom Kaufmann, ihren Bedarf an eingesalzenem Fleische von einem Schlächter zu beziehen, den hätten sie als einen Ketzer angesehen, als einen Frevler, der ihre hausfraulichen Pflichten beschränken wolle, um ihrer Würde und Bedeutung damit Abbruch zu tun und so das Glück der Ehen und der Familien allmählich zu untergraben.

Sie gaben zu bedenken - und dies mit einem Schein von Recht -, daß außer dem Hause alles schlechter und teurer sei als in dem Hause, aber sie brachten dabei die Kosten der großen Wohnung, des Dienstpersonals, der Feuerung und den Wert der Zeit nicht im Detail in Anschlag, die im Hause auf die fraglichen Gegenstände gewendet worden waren. Sie vergaßen ferner, daß ihre Vorurteile es den Verkäufern unmöglich machten, sich auf einen Verkauf im Großen einzurichten, und daß keine Konkurrenz den Preis der Ware ermäßigen kann, wo man entschlossen ist, keine Nachfrage nach Ware zu machen. Erleben wir doch jetzt nach dreißig weitern Jahren ganz dasselbe, wenn man es der Mehrzahl der Frauen begreiflich machen will, daß es für den Unbemittelten nicht zweckmäßig sei, an ein spärliches Mittagbrot ein eigenes Feuer und die Arbeit eines besonders dafür bezahlten Mädchens zu wenden, und - war ich doch selbst, solange ich in meinem Vaterhause haushielt, von dem Glauben an die nicht zu übertreffende Zweckmäßigkeit unserer Königsberger Einrichtungen überzeugt. Es gibt aber freilich auf der Welt nichts Beschränkteres und also auch nichts Eigensinnigeres als die Frauen, wenn sie, statt sich ihrer Vernunft zu bedienen, sich hinter die Schranken der geheiligten Gewohnheit zurückziehen. Sie machen dann die Gewohnheit zur Sache der Empfindung und des Herzens, ihre Vorurteile zum Symbol des Familienglückes, ja zum Palladium der ganzen sozialen Lebensordnung; und so lieb mir auch heute das hausfrauliche Walten und Sorgen im eigenen Hause und am eigenen Herde ist, weil unsere Vermögenslage mir gestattet, einen Teil meiner Zeit dafür zu verwenden, so bin ich doch froh darüber, daß der häusliche Herd mir nicht mehr ein wesentlicher Bestandteil des Familienglückes und der Kochlöffel in der Hand der Hausfrau nicht mehr als das Symbol ihrer Würde oder gar als das Zepter erscheint, mit welchem bewaffnet, das Weib allein seine Stelle als Gattin, Mutter und Hausfrau behaupten und seine Pflichten erfüllen kann. Es ist aber keine Frage, daß die Frauen ihren Pflichten auch genügen können werden, wenn wir einmal zu guten und allein vernunftgemäßen allgemeinen Kochanstalten kommen sollten, wie wir ja zu den Bäckern, Brauern, Konditoren usw. schon gelangt sind.

Ich habe mein Leben hindurch eine Lust darin gefunden, Schwierigkeiten zu bekämpfen, denen ich mich gewachsen glaubte. Ehrgeiz und Tätigkeitstrieb kamen mir dann zu Hilfe, und ich fühlte mich dabei munter und zuversichtlich. Zu dieser Stimmung, welche sich bei mir einstellte, nachdem meine jüngste Schwester geboren und die Not und Gefahr für meine arme Mutter überstanden war, gesellte sich damals die Freude, für die Mutter zu sorgen, dem Vater, den Geschwistern und den Hausgenossen es an keinem Notwendigen fehlen zu lassen, und die Genugtuung, es den Eltern beweisen zu können, daß ich nicht unpraktisch und nicht unnütz sei.

Ich war mit Bangen und mit Zagen an mein Amt gegangen, nach den ersten acht Tagen aber fühlte ich mich bei der Arbeit frischer und glücklicher als je zuvor, obschon sie mir so körperlich als geistig schwer fiel. Mein Vater hat mich in spätern Tagen gern damit geneckt, daß er mich eines Tages in stillen Tränen vor dem großen Wäscheschrank gefunden, weil ich auf einem Stuhle stehend, mit dem Heben der schweren Tischgedecke nicht fertig werden konnte und doch niemand rufen wollte, um meine Schwäche und mein Ungeschick nicht den mir untergebenen Dienstboten zu verraten.

Aber die Kraft übte sich allmählich, ich war dazu plötzlich meinen trocknen Stundenplan los geworden, meine Mutter war mit mir zufrieden, mein Vater hatte sichtliche Freude an meinem Gelingen, und meine kleinen Schwestern, die mir bis dahin, trotz aller meiner Liebe für sie, doch oft recht unbequem gewesen, wuchsen mir anders als vorher ins Herz, seit sie die Gegenstände meiner Sorge und Mühe waren.

Dazu war es Frühjahr, das Wasser floß funkelnd unter unseren Fenstern hin, Schiffe kamen und gingen, die ersten gelben Glockenblumen und Himmelsschlüsselchen konnten meiner Mutter in ihre Wochenstube getragen werden, mit dem ersten kleingeschnittenen Kalmus, mit den ersten frischen Tannensprossen, konnten wir ihr, die diesen Duft liebte, Girlanden um die Schränke und Tische legen, das Kind in der Wiege trug das Häubchen und das Jäckchen, das ich vor seiner Geburt für dasselbe gemacht, und wie oft ich an jenes Frühjahr denke, immer erscheint es mir als ein besonders angenehmes. Das hat aber seinen guten Grund: Ich genoß in demselben zum ersten Male die Freuden einer werktätigen Liebe, zum ersten Male die Kräftigung, welche selbständiges Handeln uns mit seiner Verantwortlichkeit auferlegt.

# Tante Kabalzar

## Martin A. Borrmann

Alle Monate des Jahres sind Daten unseres Lebens und begleiten seine Geschehnisse; nur der November weicht davon ab: er gehört der Erinnerung an. Da er als Vergänglichkeitsgleichnis zumeist Nebel, Regen, Orkan, Finsternis, Vogelschrei und Menschenleid bringt, erfreut sich seine trübe Erscheinung bei uns nur geringer Beliebtheit. Ist er aber einmal ausnahmsweise schön, dann gewinnt sein Wesen einen geradezu unirdischen, ja überirdischen und thaumaturgischen Charakter, und durch die kahlen Gräten der Bäume fällt aus eingezogener Sonne zugleich mit dem weißen Lichte die Ahnung von einer anderen Welt. Der Monat der Toten, der Monat der Kranken und der sterbenden Blätter wird dann zum Monat der Engel und der schwebenden und auferstehenden vorvergangenen Geister.

Auch in Ostpreußen war der letzte Sommer ungewöhnlich lang und heiß gewesen, und der Herbst, mit seinen strahlenden, sonnigen Tagen ohnehin der Ruhm des Samlandes, hatte die Stadt Königsberg nicht nur mit halkyonischen, leuchtenden Farben, sondern auch mit der schönen Wärme beschenkt, die die nahe Ostsee während des glühenden Juli- und Augustmonats aufgespeichert hatte und nun zurückgab.

Da die Witterung auch für die nächsten Tage gleichmäßig zu bleiben versprach, beschloß Fräulein Kabalzar die unverhofft gute Zeit zu nutzen, um die Gräber ihrer Lieben für den Winter zu rüsten und zugleich, anläßlich des Geburtstages von Professor Trampedank, wie immer auf seiner Ruhestatt eine Blumengabe niederzulegen.

Wie alt mochte sie jetzt sein? Dreißig Jahre war sie gewesen, als sie Kinderfräulein von Irenchen, von Kunos Mutter, geworden war; ein wenig über fünfzig, als diese mit ihrer Hilfe heimlich aus dem Elternhaus entwich. Die Sechzig hatte sie hinter sich, als Irene der Bühne entsagte und Frau Professor Trampedank wurde und zwei Jahre danach bei der Geburt Kunos verstarb. Mit Siebzig erlebte sie den Schmerz, daß dieser über alles geliebte Junge ihr nach dem Tode des Anatomen genommen wurde. Als sie die Achtzig überschritten hatte, war er, nach bitteren Erfahrungen bei der Wanderschmiere, wieder zu ihr zurückgekehrt - für eine leider nur allzu kurz bemessene Zeit! Still und doch schnell (wie der Rest des Sandes im Stundenglas zuletzt eiliger zu rinnen scheint) ging ihr Leben nun auf die Neunzig zu. Aber was besagte das? Dem alten Menschen schrumpft der Begriff der Zeit auf mystische Weise ein; sie läuft ihm davon, gerade dadurch, daß sie stille steht; und es ist hier, wie in gewissen belehrenden Filmen, die das lange Wachsen einer Blüte auf eine Minute zusammenziehen, offenbar ein Zeitraffer am Werk, um durch gnädige Täuschung die Hochbetagten ihr Leben als nicht übermäßig ausgedehnt empfinden zu lassen.

Mit der von Professor Trampedank festgelegten Rente lebte Tante Kabalzar weiterhin am gleichen Platze, als Untermieterin Meister Vogelgesangs, einsam, doch durchaus nicht unglücklich, wenn nur, was seit drei Wochen leider nicht der Fall war, die Post pünktlich Kunos Briefe brachte. Denn unvermindert schien die Sonne ihrer Liebe und Fürsorge auf ihn herab, und wenn es auch, entsprechend der Jahreszeit ihres Lebens, inzwischen eine Wintersonne geworden war, die aus ihr strahlte: ihr blasseres Licht erwärmte dennoch den, der es empfing.

Wie ihr ganzes Leben über, war sie auch heute pünktlich um sechs Uhr früh aufgestanden. Aber trotz der ihr sonst so erquicklichen frommen Morgenstunde verblieb in ihrem Herzen eine ungewohnte Müdigkeit. Indessen war sie nicht die Person, sich nachzugeben. Sie besorgte also wie immer zunächst Hanschen, den vor einiger Zeit erstandenen Harzer, der schon unruhig nach Futter und frischem Wasser verlangte. Während sie sich dann wusch, die Flechte schabte und dann ankleidete, bedeckte sie übrigens das Vogelbauer wieder. Es geschah aus Gründen der Schamhaftigkeit. "Das neue Hanschen gludert immer so neugierig und ausverschämt beim Anziehen", sagte sie; "mein altes war in dem Punkt viel feinfühliger."

Sorgsam befestigte sie unter ihrem etwas schadhaften Korsett mit Sicherheitsnadeln einen Pelzflicken aus Katzenfell, in den sie, überaus mißtrauisch gegen alle Sparkassen, einen Notgroschen für Trempedank samt entsprechender Notiz eingenäht hatte. Sie trennte sich niemals davon und trug ihn herum, wo sie ging und stand. Dann zog sie ihr braunes Wollkleid über.

Nach dem Kaffee, als es zu dämmern begann, setzte sie ihren bei Barasch gekauften Altfrauenhut auf, warf die schwarze Mantille "zum Bewärmen", wie sie sagte, über und verließ ihre Wohnung. Langsam, aber stetig, wanderte sie die Fuchsberger Allee entlang in Richtung zur Stadt. Vor einem Blumengeschäft blieb sie stehen, wartete, bis es acht schlug und geöffnet wurde, kaufte eine Herbstaster und ließ den Topf von der verschlafenen Inhaberin in Zeitungspapier einschlagen. Sie ging dann weiter bis zum Steindammer Tor, durchschritt es und überquerte, schon innerhalb der Festungsmauern, den Exerzierplatz vor der großen Infanteriekaserne. Zwischen dem Steindammer Friedhof zur rechten und der Militärbäckerei zur linken Hand gelangte sie schließlich zum Neuroßgärter Kirchhof, der hier neben dem Volksgarten, der Sternwarte und dem Ausfalltor ihrer alten Wirkungsstätte, der Wohnung des Anatomiedirektors, ganz nahe lag.

Der Friedhof war gerade erst geöffnet worden, als die Greisin ihn als erste Besucherin des Gottesackers betrat. Solch Gräberumgang gehört ja zu den Lieblingsbeschäftigungen alter Leute. Sie vergleichen gern ihre eigene Welt mit der Welt der stillen Schläfer dort unten, von deren Hoffnungen und Begierden, Leiden und Freuden, Freundschaften und Feindschaften sie mehr wissen als wir - weshalb sie auch die einzigen sind, die noch begreifen, daß unter jedem dieser kleinen Hügel eine große, nie mehr wiederkehrende Welt begraben liegt. - Müde und lebenssatt, aber durchaus willens, ihr heutiges Werk auszuführen, schritt die Greisin zwischen den ihr wohlbekannten Kreuzen, abgebrochenen Säulen und Engeln, die über Kindergräbern Wache hielten, auf dem Hauptwege dahin, und manchmal dünkte es sie heute, als ob sie hinter den Sinn allen Werdens und Vergehens blicken könne.

Es hatte nachts gefroren, aber nun brachte die Sonne schon wieder eine gewisse, allerdings nur über das Frieren oberflächlich hingebreitete Wärme. Der Himmel zeigte kein Blau, sondern ein glänzendes Weiß, unter welchem alle Wege leicht aufwärts zu steigen schienen. Kein Lüftchen war spürbar, und doch mußte eines wehen: denn da oben im weißen Licht kreiselten still, doch ruhelos die Zweige der hohen Linden und sandten lautlos, aber unaufhaltsam, letzte hellgelbe Blättlein, eines nach dem anderen, auf die Erde hinab. Es lag ein wunderbarer Glast in der Luft, sehr ähnlich dem des Frühlings, doch während jener das werdende Leben bedeutet, war dieser das Zeichen des Vergehens; und das eine entsprach dem anderen. - Viele Gräber waren mit Erika bepflanzt, die noch jetzt blühte. Das Immergrün der Lebensbäume hob sich in der Sonne besonders deutlich von dem allgemeinen Gilben und Entlauben ab. Man gewahrte in der Ferne Kranzträger für ein neues Grab. Eine frisch geharkte Rasenfläche zeigte noch kräftiges Grün; ein großer schwarzer Vogel, der dort seine Nahrung gesucht hatte, flog beim Näherkommen der Greisin auf.

Als Fräulein Kabalzar an die Gräber von Herrn und Frau Professor Trampedank gekommen war, befiel sie eine seltsame Erstarrung. Ihr war, als sei sie von allem, was sie geliebt hatte, weit entfernt worden oder vielmehr, als sei dies Geliebte selbsttätig von ihr fortgegangen, so daß es zwar noch existierte, aber gleichgültig geworden war. Sogar ihre Liebe zu Kuno war in diesem schlimmen Augenblick mehr eine Tatsache ihres Gedächtnisses als ihres Herzens. Das erschreckte sie sehr, brachte sie aber ebenfalls nicht von der für heute nun

*Wintertag am Landgraben*

einmal übernommenen Aufgabe ab. Unbeirrt löste sie also die Mantille und ließ sich auf die Knie fallen, um von der Kuppe des sonst mit Efeu bepflanzten Grabes zunächst das Unkraut abzujäten unter leisem Schimpfen auf das ausgerupfte Objekt, das sie irgendwie mit der früheren Unordnung des Schläfers darunter identifizierte. Rührend ragten die großen Füße der Greisin mit den ungefügen Schnürschuhen und den faltigen selbstgestrickten Wollstrümpfen unter dem schweren Wollrock der Knieenden hervor.

Danach pflanzte sie den Topf mit der Aster ein, säuberte den Platz vor den Hügeln und erreichte, nachdem alles Nötige geschafft war, wenn auch taumelnd die Gräberbank, auf der sie nach der Anstrengung wohlig ausatmete. - Als sie genügend ausgeruht war, wollte sie heimwärts, faltete jedoch vorher das Einwickelpapier des Blumentopfes zusammen. Da es ihr für die übliche niedrige Nutzung zu sperrig erschien, - es handelte sich um Hallbergers Illustrierte Zeitschrift "Über Land und Meer" - beschloß sie, sparsam wie sie nun einmal war, es wenigstens im geistigen Sinne zu gebrauchen, also später zu lesen. Dabei fuhren ihr Schrecken und Entsetzen ins Gebein, denn auf der Rückseite des Blattes, die sie bisher unbeachtet gelassen hatte, blickte Kuno sie an.

Ja, er war es wirklich! Mittels des neuen Lichtdruckverfahrens, der sogenannten Alberto-Typie, hatte die Zeitschrift sein Bild, wie es ein Berliner Photograph auf der Bühne aufgenommen, in ihren Spalten reproduziert. Leider hatte Fräulein Kabalzar nicht ihre Brille zur Hand; so konnte sie von der Unterschrift gerade nur die gesperrten Worte "Frisches Blut" entziffern und dachte zitternd, zumal sie einen traurigen Zug um den Mund ihres Lieblings wahrzunehmen glaubte, daß er in diesem schrecklichen Berlin womöglich ermordet worden sei. Dann aber erkannte sie durch richtige Entfernung des Blattes von ihren weitsichtigen Augen, daß Kuno dort wahrscheinlich in einer seiner Rollen abgebildet war, und durch Schwenken der Zeitung und andere Manipulationen bekam sie schließlich auch den vollständigen Text der Unterschrift optisch heraus. Er lautete:

"Frisches Blut am Schiffbauerdamm.

Herr Kuno Trampedank, ein blutjunger Darsteller, der durch seine Verkörperung des Oswald in der mutigen Aufführung von Ibsens 'Gespenstern' im Neuen Theater in Berlin derzeit von sich reden macht. Der Künstler, der, wie er uns in einem Interview bekannte, nicht nur abseitige und morbide Typen, sondern gern auch charakterkomische Rollen, sowohl moderne als auch klassische, spielen möchte, wurde mit einem Fünf-Jahres-Vertrag an die Bühne am Schiffbauerdamm verpflichtet."

Als Fräulein Kabalzar diese Nachricht gelesen hatte, faltete sie ihre fleißigen Hände: "Nu kann ich ruhig einschlafen, mein Jungchen", murmelte sie, "nu bist auf lang versorgt, mein Kuckuckchen. Hab Dank, lieber Gott!" Auf dem Gestein, das vorhin ihre Seele zu verkarsten gedroht, wuchsen flugs wieder Blüten und Blumen, und alle warmen Quellen ihres Herzens, dieses guten und großen Borns der Liebe, die nur darauf gewartet hatten, daß der in der Ferne geliebte Mensch wieder einmal so ganz gegenwärtig würde, begannen neu zu strömen.

Junge Menschen weinen vor Schmerz, alte aus Freude. Auch Tante Kabalzar weinte, lange und nachhaltig; still rannen Tränen über ihr uraltes Gesicht. Dann schneuzte sie sich und dachte: "Drum also mußt ich gestern in einem weg schlucken; ich hab's ja dem Vogelgesang gleich gesagt, daß das was bedeuten würd' - aber daß es so was Schönes möcht' sein, das hab ich nich geahnt!"

Beseligt lehnte sie sich zurück. Sie erinnerte sich jenes gewitterschwülen Tages im Monat August vor vierzehn Jahren, als sie hier vor keinem Hügel, sondern vor einem schwarzen Erdloch gestanden hatte, in welches sie den alten Trampedank versenkt. Sie hörte noch immer die Sänger von damals und wie Pfarrer Bomnüter sich versprochen und der kleine Kuno an ihrer Hand so bitterlich geschluchzt hatte. Wie trostlos war doch die Welt gewesen, und nun hatte sich trotzdem alles zu einem erträglichen Ende gefügt! - Dankbar faltete sie wiederum die Hände und betete: "Behüt ihn man auch weiter, lieber Gott; Berlin soll ja so sündhaft sein, und die Menschen sind dort so schlecht." Sie machte die Augen zu, und ihr war, als käme ein gepanzerter Reiter angesprengt und nähme ihr ein Schriftstück ab, mit dem er dann weitertrabte. Daraus schloß sie, daß sich ihr Gebet von ihr abgelöst habe und selbständig geworden und auf dem Weg zu der Station sei, zu der sie es hingesendet.

Währenddessen war die weiße Novembersonne weitergewandert und hatte nun Tante Kabalzars Platz erreicht, so daß ihr in den dicken Kleidern eigentlich recht warm wurde, und dennoch saß, seltsam, gerade in diesem Sonnenschein auch das Frieren drin, und sie fühlte, nicht auf der Bank und ringsum, wohl aber tief in sich selbst eine merkwürdige Kälte. - Der Kirchhof war nun nicht mehr ganz so leer wie zuvor. Weitere Kranzträger sowie einige schwarzgewandete Frauen kamen vorüber und eine Alte mit einer Gießkanne. Später zog eine Trauergesellschaft hinter einem Sarge einher, entfernte sich aber mitsamt dem Pfarrer in eine andere Gegend des Friedhofs; man konnte von dort den Choral hören.

Dann kamen die schwarzgekleideten Träger mit ihren Zylinderhüten bierlüstern und eilig zurück, später der aufgelöste Trauerzug selbst, und sie vernahm die Worte: "Er hat's mir ja gesagt, als wir den Krüger beerdigten, er fühl' es, er werd' der Nächste sein - na, und ist's nich auch so gekommen?"

Als letzte hinkte mühsam eine Frau mit schwarzem Schleier auf dem Hauptwege vorüber und grüßte, aber wir sind nicht in der Lage zu sagen, ob Fräulein Kabalzar diesen Gruß wahrnahm oder nicht. Denn sie weilte schon wieder in der Vergangenheit. Vor Jahrzehnten hatte sie einmal mit Kuno einen Ausflug gemacht: Sie waren den Pregel hinunter über das Frische Haff nach Kahlberg gefahren. Erst bei Dunkelheit waren sie zurückgekommen. Wie hatten da die Wellen um das kleine Schiff auf dem großen nächtlichen Gewässer gerauscht! Nun träumte sie, mit dem Jungen wieder auf diesem Schiffe zu sein. Aber seltsam, diesmal stieg sie vor der Ankunft im Hafen aus, denn das Schiffchen fuhr ganz dicht am Ufer dahin. Allerdings wollte sie sogleich wieder zurück, aber da fand sie den Bug des kleinen Dampfers nicht mehr, er war in der Finsternis, die über dem Wasser lag, für immer verschwunden. Sie schrie "halt, halt!" und blieb allein zurück, während ihr Kuno von dem Schiffe entführt wurde.

Recht traurig erwachte sie von diesem Nickerchen und wollte, zumal die Sonne den Platz vor ihren Gräbern schon wieder verlassen hatte, nun sogleich nach Hause gehen, gelangte aber nur bis zu dem in der Mitte des Gottesackers gelegenen Hauptplatz, wo sie sich schnell in der Nähe der Friedhofskapelle auf einer noch sonnebestrahlten Bank niederließ, um neue Kräfte zu sammeln.

Da zeigte sich auf den schmalen Pfaden in der Nachbarschaft der Trampedankschen Gräber, die sie soeben verlassen hatte, ein freundliches junges Mädchen. Tante Kabalzar sah sie zunächst nur wie einen kleinen weißen Nebel, der sich verdichtete und dabei menschliche Formen annahm, auf sich zukommen, als sie aber genauer hinschaute, überzog ihr altes Antlitz ein liebes Erkennungslächeln, denn die sich nähernde Gestalt war äußerst lieblich und leicht und von großer Vertrautheit. Sie kam, während die Wipfelzweige des Lindenbaums über der Alten wieder trotz der Windstille zu kreiseln und letzte Blätter abzuschütteln begannen, schnell näher heran, denn sie schritt nicht und lief auch nicht, sondern glitt über den Erdboden hin und hielt sich nur hier und da ein wenig auf, um irgendeine verlassene Blume auf den mit Erika bepflanzten Gräbern zu streicheln oder wie in Erinnerung einen noch frischen Kranz zu berühren. - "Die Kränze sind das Gewesene", dachte die Alte, "und die Blumen die Gegenwart, aber warum sucht sie auch nach Knospen, die doch nicht hierher gehören, sondern dort erst aufbrechen sollen, woher sie kommt?"

Jetzt war das Mädchen schon dicht bei Tante Kabalzar und sah sie mit unbeschreiblich freundlichem Lächeln an. Da erkannte die Alte, daß Irenchen, Kunos Mutter, bei ihr weilte. Sie war in jenem Alter, in welchem sie einst ihre gemeinsame Flucht beschlossen hatten - denn drüben sind alle Erscheinungen so alt und so jung wie die Bilder, die sich unsere Seele davon macht.

Übergroße und doch friedsam-ruhige Seligkeit, dem Gefühl der Erfüllung irdischer Liebe nicht unähnlich, breitete sich im Herzen Tante Kabalzars aus. Unwiderstehlich trieb es sie dem geliebten Menschen entgegen; ohne zu fragen, ohne zu wissen oder wissen zu wollen, ohne Sinn und doch so ganz voller Sinn - eben wie die Liebe zu handeln pflegt - zog es sie zu der Erscheinung hin. Die stand nun vor ihr wie ein Sonnenstrahl, der durch ein Fenster in einen dunkeln Raum fällt und dort einen weiß strömenden Lichtkegel bildet, doch auch wie der weiße Strahl goldnen Weizensamens, der aus Ackermanns Hand in der Morgensonne aufs Feld ausgesät wird.

Irene berührte nur leicht die Schulter der Alten und nickte, und dann glitten sie beide Hand in Hand weiter, sehr weit von hier fort, hinüber in jene Welt, wo alle Liebe gesammelt wird wie unsere Treue und unsere Tränen.

# Königsberg in Preußen

## Joachim Ringelnatz

In Königsberg zum zweitenmal.
Ich wohnte im Hotel Central.
Dort war es gut hausen.
Doch draußen:
An Kälte zweiunddreißig Grad.
Ich ächzete und ich stöhnte.
Ja, Königsberg war stets ein Bad
Für südwarm weich Verwöhnte.
Und weil ein Streik der Autos war,
Verfluchte ich den Februar,
Was den durchaus nicht rührte.
Doch was ich so an Menschen sah,
Das war mir hell und war mir nah,
So, daß ich Freundschaft spürte.
Die Mädchen, die mir's angetan,
Die wirkten wie die Walzen.
Und schmeckten doch wie Marzipan,
Nur kräftig und gesalzen.
Und sollte hier es einen Sarg,
So krumm, wie ich bin, geben,
So möcht ich gern in Königsberg
Begraben sein und leben.

# Ein Herz aus Königsberger Marzipan

Eva Maria Sirowatka

Es war der 23. Dezember des Jahres 1909. Rund um das Königsberger Schloß herum herrschte Leben und Treiben. Auf allen Plätzen boten Händler Weihnachtsbäume an, irgendwo in den Tiefen der endlosen ostpreußischen Wälder gewachsene Tannen, sie strömten einen Duft nach frischem Wald und Harz aus. Es war bitterkalt, der Schnee knirschte unter den Füßen, doch in Ostpreußen war man diesen kalten Winter gewöhnt. Dorothea Weinert, erst seit dem Frühjahr dieses Jahres Bürgerin der Stadt Königsberg, stand auf dem Kaiser-Wilhelm-Platz und schaute zu dem Schloßturm hinauf, von dem aus zweimal täglich, vormittags und abends, die Turmbläser Choräle bliesen, die wie himmlische Klänge über die Dächer der Stadt schwebten, der Stadt am Pregelfluß mit ihren vielen Brücken, mit dem alten Krönungsschloß, dem großen Dom und den vielen Kirchen. Langsam begann Dorothea diese Stadt zu lieben, Wurzeln zu schlagen, obwohl sie sich lange innerlich dagegen gewehrt hatte, hierher zu ziehen. In den kleinen Grenzstädten, in denen sie nach ihrer Heirat gewohnt hatte, in Merunen, Magrabowo und zuletzt in Ilowo, hatte sie sich wohl gefühlt. Wilhelm, ihr Mann, war dort als Zöllner tätig gewesen, bis er im

Frühjahr in die Landeshauptstadt versetzt wurde, an das Hauptzollamt in der Holländerbaumstraße. Diese Versetzung brachte manche Vorteile mit sich, eine Beförderung zum Zollaufseher, und damit Verbesserung der wirtschaftlichen Lage, bessere Ausbildungsmöglichkeiten für die Kinder und anderes mehr.

Trotzdem hatte Dorothea oft Heimweh nach Ilowo, wo sie ein Häuschen ganz für sich bewohnt hatte, dazu gehörte ein großer Garten, für die Kinder ein wahres Paradies. Obst und Gemüse hatte sie aus diesem Garten geerntet, sogar Hühner halten können und ein Schwein für die Winterschlachtung.

Dort hatte sie Freunde und gute Nachbarn, in Königsberg kannte Dorothea außer der Kaufmannsfrau und der Bäckersgattin noch so gut wie niemand. Erst in letzter Zeit wurde sie besser mit den Leuten im Haus bekannt; aber eine Freundin hatte sie noch nicht gewonnen.

Die neue Wohnung, zwar geräumig, war ziemlich dunkel, die kleine schmale Küche besonders, deren einziges Fenster zum Hinterhof ging.

Etwas aber hatte Dorothea bald erkannt. Königsberg hatte eine eigene, ganz besondere Atmosphäre.

Von der nahen Ostsee strömte frische Meeresluft herein, an Sonnentagen spannte sich ein endlos weiter Himmel über die Landeshauptstadt, von einem unwahrscheinlich hellen kristallenen Blau - und dann die vielen Geräusche der Großstadt, die nun, da sie mit ihnen vertraut war, einen besonderen Reiz auf sie ausübten: schon am frühen Morgen das Bimmeln der Straßenbahnen, das Klappern vieler Pferdehufe auf dem Pflaster der Straßen, der flott dahinfahrenden Droschkenkutschen, der langsameren Bier- und Lastkutschwagen. Alles das war ihr lieb und vertraut geworden, gehörte zu dem Bild der Stadt Königsberg wie das Tuten der Schiffe im Hafen, das manchmal leises Fernweh in ihr weckte, sowie das Pfeifen ankommender und abfahrender Züge vom Lizentbahnhof, der ihrer Wohnung in der Lizentgrabenstraße schräg gegenüber lag.

"Toffle, Toffle!" ertönte es laut durch die Straßen und Gassen, mehr langgedehnt im singenden als im sprechenden Tonfall. "Raddies", "Petersilie", "Blubäre", "Pilzkes" zur Sommerzeit, und dazu die Rufe der Fischweiber: "Ei, Bratfesch!", "ei, Butterfesch", "ei Speckflundere!" und was sie sonst noch an Fisch anzubieten hatten.

An diesem Nachmittag, einen Tag vor dem Heiligen Abend, da alle Weihnachtsvorbereitungen längst getroffen waren, es in der ganzen Wohnung nach frischgebohnerten Fußböden roch, nach Streuselkuchen und Butterplätzchen duftete, die Pfefferkuchen ruhten schon lange wohlverpackt in Dosen, damit sie nicht hart wurden, hatte Dorothea spontan den Entschluß gefaßt, mit der Straßenbahn in die Innenstadt zu fahren, um noch einige Geschenke für die Kinder zu erstehen, Bücher und Spielzeug, vor allem aber in einer Konditorei ein Pfund Königsberger Marzipan zu besorgen, kleinere Herzen für alle vier Kinder, ein größeres Herz für Wilhelm, dazu ein halbes Pfund Marzipankartoffeln, die nicht so teuer waren wie das Teekonfekt aus Marzipan. Auf den bunten Tellern durfte bei diesem Weihnachtsfest - es war das erste in Königsberg - dieses Marzipan nicht fehlen, das weit über die Grenzen des Landes bekannt war, nach alten Rezepten hergestellt, von denen die Konditoreien wie Schwermer, Plouda und einige andere mehr, jedes ihr Geheimrezept besaß, das sie nicht preisgaben. In den Königsberger Familien wurden diese Rezepte von Generation zu Generation weitergegeben. Dorothea war in einem Dorf bei Danzig geboren. Ihre Mutter hatte zwar Pfefferkuchen zu Weihnachten gebacken, Rumkugeln und Sahnekaramellen selber hergestellt, Marzipan aber gab es niemals auf ihren bunten Tellern. Die Eltern besaßen nur eine kleine Gärtnerei, ein paar Morgen Ackerland. Die Kinder wurden zwar immer satt, doch sie lebten sehr bescheiden. Dorothea hatte in Ilowo einmal versucht, nach einem aus einer Zeitung ausgeschnittenen Rezept, Marzipan herzustellen. Dieser Versuch war mißlungen, das Marzipan wurde so hart, daß man sich die Zähne daran ausbeißen konnte. Irgend etwas stimmte nicht, entweder hatte sie zu viele Mandeln verwandt, zu wenig Puderzucker, oder umgekehrt. Wilhelm hatte sie getadelt, sie hätte nur unnötig ihr Wirtschaftsgeld verplempert und sie dazu noch ausgelacht. Seither hatte sie es kein zweites Mal versucht. Sie konnte es sich auch in diesem Jahr kaum leisten, viele Geschenke zu machen. Der Umzug hatte einiges gekostet, es mußten Neuanschaffungen gemacht werden. Gardinen, Lampen. Hier brannten Gaslampen, während in Ilowo noch Petroleumlampen Licht gespendet hatten, auch mußte ein neues grünes Ripssofa für die gute Stube angeschafft werden, das alte war nicht mehr gut genug, behauptete Wilhelm. Sie hätten in Königsberg gesellschaftliche Verpflichtungen, nun, da er befördert worden war, müßten sie auch mal seine Vorgesetzten und dessen Gattinnen einladen.

So sollte es diese Weihnachten nur praktische Geschenke geben - selber von ihr gestrickte oder gehäkelte Sachen, wie Schals, Handschuhe, Strümpfe und dazu für jeden einen bunten Teller.

Was Wilhelm nicht wußte, war, daß sie an manchen Abenden bis in die Nachtstunden hinein genäht hatte, wenn er nicht da war, in einem Lokal am Hafen saß, in dem die Zöllner verkehrten, einige alte Kapitäne in Ruhestand und Kaufleute, er mit seinen Kollegen Skat spielte und dazu Ponarther Bier und einige Schnäpse trank, nun, im Winter heißen Grog, ein Getränk, das Leib und Seele erwärmt, wie man sagt. Manchmal hatte sie auch eine Stunde am Vormittag, wenn die Hausarbeit getan war, die Suppe auf dem Herd kochte. Sie hatte Blusen genäht, Kleider geändert, sich sogar an ein Winterkostüm herangewagt, das ihr gelungen war, hatte Hüte modernisiert, eine Pelzkappe mit Muff angefertigt, nur, um die schmale Wirtschaftskasse aufzubessern, und um den Ihren zum Weihnachtsfest eine besondere Freude zu bereiten. Die Kapitänswitwe, Frau Petruschat, die die ganze Etage über ihnen bewohnte, war ihre erste Kundschaft gewesen. Sie hatte Dorothea weiterempfohlen an eine adlige Offiziersdame, die auf den vornehmen Hufen wohnte. Diese Dame war sehr zufrieden gewesen, vor allem mit der Modernisierung einiger Hüte und einer Pelzkappe. Dorothea hatte bis zu ihrer Verheiratung als Putzmacherin in einem Hutgeschäft in Danzig gearbeitet und vorher ein Jahr nähen gelernt, sie besaß Schick und guten Geschmack.

Die Majorsgattin von den Hufen hatte versprochen, den Lohn für ihre Arbeit noch rechtzeitig vor Weihnachten zu schicken, da er aber nicht kam, hatte Dorothea erst zum neuen Jahr damit gerechnet. Ganz überraschend überbrachte ihr heute vormittag die Köchin der Dame das Geld. Als besondere Gabe dazu einen Hasen, den der Herr Major selbst auf einer Treibjagd geschossen hatte, vier Stück hätte er erlegt, und die Gnädige schicke ihr nun den Hasen als Weihnachtsgeschenk. Auf diese Weise hatte Dorothea für ihren Mann noch eine besondere Überraschung.

In einer Seitenstraße, nahe am Schloßteich, entdeckte Dorothea eine kleinere Buchhandlung, die auch antiquarische Bücher preiswert anbot. Sie wählte sorgsam, bis sie am Ende für Otto, ihren Ältesten, der seit Ostern die Präparandenanstalt in Braunsberg besuchte und Volksschullehrer werden wollte, zwei Reclam-Bändchen mit Werken von Goethe und Adalbert Stifter entdeckte, damit machte sie ihm eine besondere Freude, er hatte sie auch verdient, war ein Sohn ganz nach ihrem Herzen, hatte auch musische Ambitionen, spielte Geige und Klavier, liebte gute Bücher, malte und zeichnete und war ihr, nun, da er in den Weihnachtsferien zu Hause war, eine gute Hilfe, erledigte manche Gänge, versorgte die Kachelöfen und holte Kohlen und Holz aus dem Keller. Otto kümmerte sich auch viel um die jüngeren Geschwister, erzählte ihnen Märchen und Geschichten, sang und spielte mit ihnen. Auf diese Weise konnte sie heute einmal in Ruhe von zu Hause fort.

Für die elfjährige Lina erstand sie ein reich bebildertes Märchenbuch von Hans Christian Andersen und für sich selber ein Bändchen mit Balladen und Gedichten von Agnes Miegel, der Königsberger Dichterin. Agnes Miegel, deren Stern am literarischen Himmel schon lange aufgegangen war und von Jahr zu Jahr mehr zu leuchten begann, war noch jung, mindestens zehn Jahre jünger als sie selber. Es war schön zu wissen, daß sie mit der Dichterin, deren Werke sie so sehr liebte, nun in einer Stadt lebte, gar nicht weit voneinander entfernt.

Als Dorothea die Buchhandlung verließ, sah sie, daß schon die Dämmerung hereingebrochen war und die Gaslaternen brannten. Die Junkerstraße mit den weihnachtlich geschmückten Schaufenstern, hell illuminiert, zog viele Käufer an sich. Vor den Schaufenstern des Spielwarengeschäftes von Carl Weiß in der Junkerstraße drängten sich viele Interessenten, junge und ältere Kinder und solche, die im Herzen jung geblieben waren, denen vielleicht ein Wunsch aus Kindertagen sich nie erfüllt hatte, den sie immer noch mit sich herumtrugen. Dorothea entdeckte unter einer Anzahl von Puppen in allen Größen und Preislagen eine Babypuppe mit echten Haaren und Schlafaugen, die sich die kleine Lina so sehnsüchtig wünschte. Sie betrat den Laden und kaufte nicht nur die Puppe, sondern auch einen großen Holzbaukasten für ihren Jüngsten, den vierjährigen Willi. Nun stand noch das Königsberger Marzipan auf ihrer Einkaufsliste.

Als sie das Spielzeuggeschäft verließ und zur Münzstraße ging, vernahm sie vom nahen Schloßteich her Gelächter und frohe Stimmen. Es war noch kälter geworden, doch das hielt sie nicht davon ab, zur Schloßteichbrücke zu gehen, um von dort aus dem fröhlichen Treiben der Schlittschuhläufer zuzusehen, die sich so zahlreich auf dem Schloßteich tummelten, alt und jung, gute und schlechte Läufer, Bowkes und Marjellchens, Schüler und Studenten, Damen und Herren, darunter sah sie auch Uniformierte. Es war eine Lust ihnen zuzusehen, wie sie ihre Kreise und Schleifen zogen, einige schon meisterhafte Läufer. Wenn ihr dabei auch die Füße kalt wurden und die Nasenspitze beinahe anfror, der Frost sie in die Wangen zwickte, machte es ihr Spaß zuzuschauen. Sie zog einen Handschuh aus, um sich die Nasenspitze zu reiben.

Nun war es aber Zeit, sich auf den Heimweg zu machen, damit sie vor Wilhelm da war und das Abendbrot rechtzeitig auf dem Tisch stand. Sie erstand noch eine Tüte mit Anisbonbons an einem Stand am Rande des Schloßteiches, wo ein Händler warme Getränke, Lebkuchen und Süßigkeiten verkaufte, als Mitbringsel für die Kinder. Von hier aus bis zu der Konditorei Schwermer in der Münzstraße war es nur ein Katzensprung. Bevor sie die Konditorei betrat, sah sie sich die Auslagen in dem großen Schaufenster an. Ein Riesenherz aus Königsberger Marzipan zog die Blicke an sich, das Wasser lief einem im Munde zusammen, allein schon bei diesem Anblick! Sündhaft teuer mochte so ein Riesenherz sein. Sie würde es niemals erwerben können, das war auch nicht notwendig, kleinere Herzen genügten. Gerade wollte sie die Konditorei betreten, da sah sie durch die Glasscheibe der Tür ihren Wilhelm im Laden vor der Theke stehen. Er stand bei der Glasvitrine, in der das Marzipan ausgestellt war, den Käufern zur Auswahl, ein stattlicher Mann in seiner Uniform, groß und breitschultrig, und war dabei, unter den vielen und verlockenden Angeboten etwas auszuwählen, um es zu verschenken, denn für sich kaufte er Süßigkeiten ganz gewiß nicht. War diese Weihnachtsgabe ihr oder einer anderen zugedacht? Sie war nicht so sicher, daß sie das Herz von beachtlicher Größe, nicht ganz so groß wie das im Schaufenster, in einer herzförmigen hübschen Schachtel verpackt, erhalten würde. Es war Jahre her, daß er ihr zu Weihnachten etwas geschenkt hatte.

Wenn es aber nicht ihr zugedacht war, wem würde er es dann schenken? Vielleicht der blonden Kellnerin Olga, die in dem Hafenlokal bediente, das Wilhelm zu seinem Stammlokal auserkoren hatte? Er hatte zwar eine dunkelhaarige Frau geheiratet, schwärmte aber von jeher für blonde Frauen. Nun stand er da und scherzte und lachte mit der adretten Verkäuferin, die ebenfalls blond wie diese Olga war. Dorothea spürte nach langer Zeit wieder einen Stachel der Eifersucht in ihrer Brust, wie damals in Magrabowo, als Wilhelm der üppigen blonden Witwe eines Kollegen ein wenig den Hof gemacht hatte. Sie hatte heimliche Tränen vergossen, wußte aber längst, daß ihr Wilhelm im Grunde seines Herzens treu war.

In einer kleinen Stadt wie Ilowo wäre es unmöglich gewesen, daß ein preußischer Beamter solche Dummheiten machte, in einer Großstadt wie Königsberg aber gab es genug Möglichkeiten, heimliche Wege zu gehen. Wilhelm kam jetzt in ein gefährliches Alter, man sagte, es wäre für manche Männer wie ein zweiter Frühling.

Dorothea scheute, die Konditorei zu betreten. Am Ende glaubte Wilhelm noch, sie spioniere ihm nach. Sie beschloß, zurück mit der Straßenbahn zu fahren, um unbedingt vor ihm zu Hause zu sein. Im übrigen, er würde es nicht erfahren, daß sie ihn bei Schwermer gesehen hatte. Vielleicht war das noble Geschenk doch für sie bestimmt. Bei Männern wie Wilhelm wußte man es nicht ganz genau.

Endlich war der Weihnachtsabend da, den die Christen den "Heiligen Abend" nennen und an dem sie die Geburt von Jesus Christus feiern. In Ilowo hatten sie mit den Kindern an diesem Abend die Christmesse besucht. In Königsberg wollte sie morgen vormittag zur Kirche gehen. Dorothea war dabei, die Süßigkeiten auf die bunten Teller zu verteilen, Nüsse und Äpfel sowie die Lebkuchenherzen lagen schon darauf, Marzipanherzen aber fehlten, sie zu kaufen hatte sie heute keine Gelegenheit mehr gehabt. Dafür hatte ihr die Kapitänswitwe aus der Etagenwohnung eine Tüte mit selbstgemachten Marzipankartoffeln geschenkt, die sie nach einem ererbten Rezept hergestellt hatte. Nächstes Jahr zu Weihnachten wollten sie gemeinsam Königsberger Marzipan machen.

Ihre Geschenke für die Kinder und für Wilhelm, für den sie ein Kistchen mit seiner Zigarrensorte gekauft hatte, lagen schon unter dem Weihnachtsbaum, der in der guten Stube zwischen den beiden Fenstern stand.

Die Kinder warteten ungeduldig auf die Bescherung. Otto erzählte ihnen eine Weihnachtsgeschichte, fand aber heute keine aufmerksamen Zuhörer. Wieder hatte es zu schneien begonnen. Dorothea sah draußen dichte, weiche Flocken zur Erde fallen. Ihr war so feierlich zu Mute, sie dachte nicht im entferntesten an das besagte Marzipanherz, das Wilhelm gestern erworben hatte, das ihr einige Seelenqualen bereitet hatte. Eine Frau von fast vierzig Jahren, Mutter von vier Kindern, hatte anderes zu tun, als eifersüchtig zu sein.

Eigentlich müßte Wilhelm schon zu Hause sein. Er

hatte ihr versprochen, rechtzeitig zur Bescherung da zu sein. Ob er am Ende noch sein Stammlokal aufgesucht hatte? Nein, heute wollte sie solche Gedanken gar nicht erst aufkommen lassen. In diesem Augenblick hörte sie ihn mit Otto im Korridor sprechen. Nun trat er zu ihr in die gute Stube. "Na Frauchen, ist alles für die Bescherung bereit? Die Königsberger Stadtmusikanten werden in wenigen Minuten hier vorbeiziehen. Ich hörte sie von ferne blasen, als ich heim kam." Wilhelm sah sie aufmerksam an, wie sie vor ihm stand in dem hübschen Festtagskleid. Ein wenig blaß, aber richtig lieb und hübsch sah sie aus, sein Dorchen, klein und zierlich, fast wie damals als junges Mädchen, als er sie in Zoppot auf dem Seesteg kennenlernte. Ihn hatten vor allem ihre Augen fasziniert, die ausdrucksvollen Augen von einem unwahrscheinlichen Blau, das zu ihrem dunklen, lockigen Haar seltsam im Kontrast stand, ihrer Erscheinung etwas Besonderes gab. Er war oft so ruppig zu ihr gewesen, in den fast zwanzig Ehejahren, wie ein brummiger Bär, aber er wollte fortan sich ändern, denn er liebte sie ja immer noch, so wie damals!

"Hier, Frauchen", sagte er. "Bevor der Jubel und Trubel losgeht! Ein kleines Geschenk für dich!" Er holte aus der Tiefe seiner Jackentasche seine Gabe heraus. Es war, wie konnte es anders sein, das große Herz aus Königsberger Marzipan! Dorothea blickte ihn strahlend an, viel Zeit zum Danken war jetzt nicht. Sie rief die Kinder herein, durch die geöffneten Fenster sahen sie alle die Königsberger Stadtmusikanten draußen vorbeiziehen, von einer Schar größerer Kinder und Jugendlicher begleitet, einem alten Brauch nach zogen sie am Heiligen Abend durch die größeren Straßen der

Stadt. Man wartete auf sie, denn erst, wenn sie vorbei waren, zündete man die Lichter an den Weihnachtsbäumen an.

Diesem alten Brauch folgten nun auch Wilhelm und Dorothea. "Vom Himmel hoch, da komm ich her!" bliesen die Stadtmusikanten, eine frohe Botschaft verkündend!

# Die Königsberger Stadtmusik

Eva Maria Sirowatka

Es klirrt der Frost.
In Schnee und Eis,
den weißen Winterpelz auf ihrem Rücken,
liegt nun im Schlaf
die Stadt am Pregelstrom,
die Stadt mit ihren sieben Brücken,
mit ihrem Schloß und Dom.
Sie träumt von einem strahlend schönen
Weihnachtsbaum.
Da weckt aus ihrem tiefen Traum
sie festlich-frohe Blasmusik.
Stadtmusikanten ziehen durch die Straßen,
durch schmale, schneebedeckte Gassen,
verkündend eine frohe Mär:
Vom Himmel hoch da komm ich her!
Das Christkind ist geboren heut.

# Christkinds Schleier

## Tamara Ehlert

In jenem Winter fiel der erste Schnee schon gegen Ende November. Er fiel auf die Gaslaterne vor dem Hauseingang Preyler Weg 2, ich sah die Flocken silbern aus dem Schwarzen niederwehen, im Laternenlicht gelb werden und glitzernd die Straße zudecken, eine Straße, die ich liebte wie keine andere zuvor, keine jemals danach. Ich stand am Fenster, ein kleines Abendbrot im Magen - vor Aufregung hatte ich kaum etwas essen können - und große Beklommenheit und großes Entzücken im Herzen.

"Nun mußt du aber gehn", sagte meine Mutter mitfühlend. Mein Vater, nicht minder mitfühlend und stets zu Scherzen aufgelegt, bemerkte: "Sonst kann am Ende die Premiere nicht stattfinden."

Es handelte sich um die Premiere von Kaergels deftigem Volksstück "Hockewanzel", die Hauptrolle spielte der unvergeßliche Walter Brand. Wo mag er jetzt sein? In den fünfziger Jahren schrieb er noch manchmal an alte Freunde. Da spielte er wieder - drüben in Zittau.

Ich zog meinen Schulmädchenmantel an und stob durch den frischen, flachen Schnee, über den Preyler Weg, die Schindekopstraße, den Samlandweg, die Kreuzung Fuchsbergerallee/Rudauerweg, ich stob durch die Schubertstraße, ein bißchen Brahmsstraße, Lortzingstraße, hin zur Vogelweide, Bühneneingang.

"Ach Gottchen, Marjell", sagte Taudien, der Portier, "du bringst ja direkt den Winter mit. Siehst aus wie ein Weihnachtsengel."

Das fand auch Inspizient Hans Emons, der aus dem Konversationszimmer kam und unglaublich gut nach Zigaretten und Haarwasser roch. "Na, du kleines Hokkewanzel-Volksgemurmel", sagte er, freundlich, flüchtig, achtlos wie immer, wenn es um die Statistinnen ging, die unter sechzehn waren, "hast den Winter im Haar und in den Wimpern, du Grünauge. Hast Lust, im Weihnachtsmärchen mitzumachen? Kannst einen der beiden Weihnachtsengel mimen."

Emons war Rheinländer, er war freundlich, flüchtig, achtlos und tüchtig. Er war auch verheiratet. Sein Spitzname war "Emonsworanliegts". Denn wenn was nicht klappte, brüllte alles, vom Regisseur bis zum Beleuchter: "Emons, woran liegts?" Da hatte er seinen Namen weg.

Ich war dreizehn Jahre alt, ziemlich mager und wie alle kleinen Mädchen schrecklich verliebt in seinen rheinischen, achtlosen Charme. Wo mag er jetzt sein? Das letzte, was ich von ihm hörte: Er hat in den fünfziger Jahren drüben Theater gespielt. Den Woyzeck von Georg Büchner. Wo bist du jetzt, Emonsworanliegts?

"O Gottchen ja", sagte ich, "na klar, wenn sie mir in der Schule frei geben für die Stellproben, na klar, würde ich gern."

Aber Emonsworanliegts war schon weg, man roch nur noch Zigarettenduft und Haarwasser auf der kahlen Treppe. Ich stürzte in die Statistinnengarderobe im ersten Stock, gleich hinter den Garderoben der weiblichen Stars Willer, Klotz, Vielmetter, Gerlach-Jacoby.

"O lala", sagte Elfriede, als ich so hereinwehte, viel Schnee im Haar und auf dem Mantelkragen. Elfriede Née - wo bist du jetzt? Das letzte, was ich von dir weiß, du hast in den vierziger Jahren Martin Flörchinger geheiratet und drüben mit ihm Theater gespielt, in Leipzig zum Beispiel das Gretchen im Faust. Aber als Elfriede "o lala" zu mir sagte, war auch sie erst dreizehn, und hinter ihr stand unsere Friseuse, Frau Lukas, neben ihr die gute Fiedlerin. Wo seid ihr jetzt, ihr guten Geister der Schauspielerinnen, der Schülerinnen und kleinen Statistinnen - Mutter Lemke und Mutter Krispien - ihr Friseusen, Garderobieren, Gewandmeisterinnen?

"Wieso o lala?" sagte ich und war ungnädig, und der Puderschnee vom Himmel überm Preyler Weg, von Fuchsbergerallee und Vogelweide fiel aus meinem Haar über Puder- und Schminktöpfe des Volksgemurmels aus Hockewanzel.

"Er hat Grünauge zu mir gesagt!"

"Wer?"

"Na, er, - Emonsworanliegts."

"Himmel!" schrie Elfriede, "er hat die Farbe deiner Augen bemerkt!"

"Na, das ist ja gut und schön", sagte die Fiedlerin, "eine dumme Gans war ich auch mal, aber nu kämm mal erst den Schnee aus deinem Fell, wie soll ich dir sonst die Bauernzöpfe reinflechten, alles quitschnaß!"

Unser Christkind war erst fünf Jahre alt, es trug Christkinds Schleier und sah auch wie ein echtes Christkind aus. Es kam aus dem Kulissendunkel ganz langsam zu feierlicher Musik die Peripherie der Drehbühne entlang. Der Scheinwerferkegel machte ihm einen gewaltigen Heiligenschein. Unser Christkind ging ganz langsam, das sollte es laut Regieanweisung auch, aber es ging noch langsamer. Wir hatten damals einen Beleuchter, der waschechter Berliner war. Der sagte immer, wenn unser Christkind viel zu langsam daherkam: "Wat wollt ihr denn: Se jenießt dem Ufftritt!" Berliner Beleuchter, Königsberger Christkind - wo seid ihr jetzt!

Das Weihnachtsmärchen "Christkinds Schleier" wurde ein großer Erfolg und wurde bis in den grauen Februar des nächsten Jahres hinein noch vor ausverkauftem Haus gespielt.

Doch bei der Premiere an einem Nachmittag im Dezember war die Stadt weiß und glänzend unterm Himmel, die Schneedecke war nicht mehr locker, sie war fest und hart, es fuhren Autos drüber weg, aber auch Pferdeschlitten, denn da kamen Leute vom Land herein, ihre Kinder wollten das Weihnachtsmärchen sehen. Und sie wollten wissen, wie es im Winter in der Stadt aussieht.

Die Stadt glänzte, ihre Laternen hatten dicke Mützen auf, auch das Dach des Schauspielhauses. Es schneite viel und heftig in jenem Winter.

# Schulgang in Königsberg

## Heinrich Spiero

Rasch geschlürft die warme Tasse,
Mütze übers Ohr, mein Kind -
finster liegt die Junkergasse,
herrisch pfeift der rauhe Wind.

Hier und da um Dämmerecken
huscht ein kleiner Kamerad,
dann ein herzhaft Händestrecken,
und gemeinsam wird der Pfad.

An des Schlosses dunkler Pforte
grüßt ein heller Zahlenkreis.
Wieviel Uhr? - Man spart die Worte,
denn die Kälte sticht wie Eis.

Endlich an dem schmalen Tore! -
Nun hinein und rasch hinauf,
und die Hand ist gleich am Ohre,
und die Füße stapfen auf.

Und die vierundvierzig Jungen
freu'n sich der durchwärmten Welt
bis, dem Himmel abgerungen,
Flock' um Flocke niederfällt;

bis der Glocke letztes Schlagen
jede Ungeduld befreit,
und im Hasten, Werfen, Jagen
Jugend jubelt, lacht und schreit.

*Im Löbenicht*

# Der Weihnachtsabend

## E.T.A. Hoffmann

Am vierundzwanzigsten Dezember durften die Kinder des Medizinalrats Stahlbaum den ganzen Tag über durchaus nicht in die Mittelstube hinein, viel weniger in das daranstoßende Prunkzimmer. In einem Winkel des Hinterstübchens zusammengekauert saßen Fritz und Marie, die tiefe Abenddämmerung war eingebrochen, und es wurde ihnen recht schaurig zumute, als man, wie es gewöhnlich an dem Tage geschah, kein Licht hereinbrachte. Fritz entdeckte ganz insgeheim wispernd der jüngern Schwester (sie war eben erst sieben Jahr alt geworden), wie er schon seit frühmorgens es habe in den verschlossenen Stuben rauschen und rasseln und leise pochen hören. Auch sei nicht längst ein kleiner dunkler Mann mit einem großen Kasten unter dem Arm über den Flur geschlichen, er wisse aber wohl, daß es niemand anders gewesen als Pate Droßelmeier. Da schlug Marie die kleinen Händchen vor Freude zusammen und rief: "Ach, was wird nur Pate Droßelmeier für uns Schönes gemacht haben." Der Obergerichtsrat Droßelmeier war gar kein hübscher Mann, nur klein und mager, hatte viele Runzeln im Gesicht, statt des rechten Auges ein großes schwarzes Pflaster und auch gar keine Haare, weshalb er eine sehr schöne weiße Perücke trug, die war aber von Glas und ein künstliches Stück Arbeit. Überhaupt war der Pate selbst auch ein sehr künstlicher Mann, der sich sogar auf Uhren verstand und selbst welche machen konnte. Wenn daher eine von den schönen Uhren in Stahlbaums Hause krank war und nicht singen konnte, dann kam Pate Droßelmeier, nahm die Glasperücke ab, zog sein gelbes Röckchen aus, band eine blaue Schürze um und stach mit spitzigen Instrumenten in die Uhr hinein, so daß es der kleinen Marie ordentlich wehe tat, aber es verursachte der Uhr gar keinen Schaden, sondern sie wurde vielmehr wieder lebendig und fing gleich an, recht lustig zu schnurren, zu schlagen und zu singen, worüber denn alles große Freude hatte. Immer trug er, wenn er kam, was Hübsches für die Kinder in der Tasche, bald ein Männlein, das die Augen verdrehte und Komplimente machte, welches komisch anzusehen war, bald eine Dose, aus der ein Vögelchen heraushüpfte, bald was anderes. Aber zu Weihnachten, da hatte er immer ein schönes künstliches Werk verfertigt, das ihm viel Mühe gekostet, weshalb es auch, nachdem es einbeschert worden, sehr sorglich von den Eltern aufbewahrt wurde. - "Ach, was wird nur Pate Droßelmeier für uns Schönes gemacht haben", rief nun Marie; Fritz meinte aber, es könne wohl diesmal nichts anders sein, als eine Festung, in der allerlei sehr hübsche Soldaten auf- und abmarschierten und exerzierten, und dann müßten andere Soldaten kommen, die in die Festung hineinwollten, aber nun schössen die Soldaten von innen tapfer heraus mit Kanonen, daß es tüchtig brauste und knallte. "Nein, nein", unterbrach Marie den Fritz, "Pate Droßelmeier hat mir von einem schönen Garten erzählt, darin ist ein großer See, auf dem schwimmen sehr herrliche Schwäne mit goldnen Halsbändern herum und singen die hübschesten Lieder. Dann kommt ein kleines Mädchen aus dem Garten an den See und lockt die Schwäne heran und füttert sie mit süßem Marzipan. "Schwäne fressen kein Marzipan", fiel Fritz etwas rauh ein, "und einen ganzen Garten kann Pate Droßelmeier auch nicht machen. Eigentlich haben wir wenig von seinen Spielsachen; es wird uns ja alles gleich wieder weggenommen, da ist mir denn doch das viel lieber, was uns Papa und Mama einbescheren, wir behalten es fein und können damit machen, was wir wollen." Nun rieten die Kinder hin und her, was es wohl diesmal wieder geben könne. Marie meinte, daß Mamsell Trutchen (ihre große Puppe) sich sehr verändere, denn ungeschickter als jemals, fiele sie jeden Augenblick auf den Fußboden, welches ohne garstige Zeichen im Gesicht nicht abginge, und dann sei an Reinlichkeit in der Kleidung gar nicht mehr zu denken. Alles tüchtige Ausschelten helfe nichts. Auch habe Mama gelächelt, als sie sich über Gretchens kleinen Sonnenschirm so gefreut. Fritz versicherte dagegen, ein tüchtiger Fuchs fehle seinem Marstall durchaus so wie seinen Truppen gänzlich an Kavallerie, das sei dem Papa recht gut bekannt. - So wußten die Kinder wohl, daß die Eltern ihnen allerlei schöne Gaben eingekauft hatten, die sie nun aufstellten, es war ihnen aber auch gewiß, daß dabei der liebe Heilige Christ mit gar freundlichen frommen Kindesaugen hineinleuchte, und daß, wie von segensreicher Hand berührt, jede Weihnachtsgabe herrliche Lust bereite wie keine andere. Daran erinnerte die Kinder, die immerfort von den zu erwartenden Geschenken wisperten, ihre ältere Schwester Luise, hinzufügend, daß es nun aber auch der Heilige Christ sei, der durch die Hand der lieben Eltern den Kindern immer das beschere, was ihnen wahre Freude und Lust bereiten könne, das wisse er viel besser als die Kinder selbst, die müßten daher nicht allerlei wünschen und hoffen, sondern still und fromm erwarten, was ihnen beschert worden. Die kleine Marie wurde ganz nachdenklich, aber Fritz murmelte vor sich hin: "Einen Fuchs und Husaren hätt' ich nun mal gern."

Es war ganz finster geworden. Fritz und Marie, fest aneinandergerückt, wagten kein Wort mehr zu reden, es war ihnen, als rausche es mit linden Flügeln um sie her und als ließe sich eine ganz ferne, aber sehr herrliche Musik vernehmen. Ein heller Schein streifte an der Wand hin, da wußten die Kinder, daß nun das Christkind auf glänzenden Wolken fortgeflogen zu andern glücklichen Kindern. In dem Augenblick ging es mit silberhellem Ton: Klingling, klingling, die Türen sprangen auf, und solch ein Glanz strahlte aus dem großen Zimmer hinein, daß die Kinder mit lautem Ausruf: "Ach! - Ach!" wie erstarrt auf der Schwelle stehen blieben. Aber Papa und Mama traten an die Türe, faßten die Kinder bei der Hand und sprachen: "Kommt doch nur, kommt doch nur, ihr lieben Kinder, und seht, was euch der Heilige Christ beschert hat."

## Die Gaben

Ich wende mich an dich selbst, sehr geneigter Leser oder Zuhörer Fritz - Theodor - Ernst - oder wie du sonst heißen magst, und bitte dich, daß du dir deinen letzten, mit schönen bunten Gaben reich geschmückten Weihnachtstisch recht lebhaft vor Augen bringen mögest, dann wirst du es dir wohl auch denken können, wie die Kinder mit glänzenden Augen ganz verstummt stehen blieben, wie erst nach einer Weile Marie mit einem tiefen Seufzer rief: "Ach, wie schön - ach, wie schön", und Fritz einige Luftsprünge versuchte, die ihm überaus wohl gerieten. Aber die Kinder mußten auch das ganze Jahr über besonders artig und fromm gewesen sein, denn nie war ihnen so viel Schönes, Herrliches einbeschert worden, als dieses Mal. Der große Tannenbaum in der Mitte trug viele goldne und silberne Äpfel, und wie Knospen und Blüten keimten Zuckermandeln und bunte Bonbons und was es sonst noch für schönes Naschwerk gibt, aus allen Ästen. Als das Schönste an dem Wunderbaum mußte aber wohl gerühmt werden, daß in seinen dunklen Zweigen hundert kleine Lichter wie Sternlein funkelten und er selbst, in sich hinein- und herausleuchtend, die Kinder freundlich einlud, seine Blüten und Früchte zu pflücken. Um den Baum umher glänzte alles sehr bunt und herrlich - was es da alles für schöne Sachen gab - ja, wer das zu beschreiben vermöchte! Marie erblickte die zierlichsten Puppen, allerlei saubere kleine Gerätschaften, und was vor allem schön anzusehen war, ein seidenes Kleidchen, mit bunten Bändern zierlich geschmückt, hing an einem Gestell so der kleinen Marie vor Augen, daß sie es von allen Seiten betrachten konnte, und das tat sie denn auch, indem sie ein Mal über das andere ausrief: "Ach, das schöne, ach, das liebe - liebe Kleidchen: und das werde ich - ganz gewiß - das werde ich wirklich anziehen dürfen!" - Fritz hatte indessen schon, drei- oder viermal um den Tisch herumgaloppierend und -trabend, den neuen Fuchs versucht, den er in der Tat am Tische angezäumt gefunden. Wieder absteigend, meinte er, es sei eine wilde Bestie, das täte aber nichts, er wolle ihn schon kriegen, und musterte die neue Schwadron Husaren, die sehr prächtig in Rot und Gold gekleidet waren, lauter silberne Waffen trugen und auf solchen weißglänzenden Pferden ritten, daß man beinahe hätte glauben sollen, auch diese seien von purem Silber. Eben wollten die Kinder, etwas ruhiger geworden, über die Bilderbücher her, die aufgeschlagen waren, daß man allerlei sehr schöne Blumen und bunte Menschen, ja auch allerliebste spielende Kinder, so natürlich gemalt, als lebten und sprächen sie wirklich, gleich anschauen konnte. - Ja! eben wollten die Kinder über diese wunderbaren Bücher her, als nochmals geklingelt wurde. Sie wußten, daß nun der Pate Droßelmeier einbescheren würde, und liefen nach dem an der Wand stehenden Tisch. Schnell wurde der Schirm, hinter dem er so lange versteckt gewesen, weggenommen. Was erblickten da die Kinder! - Auf einem grünen, mit bunten Blumen geschmückten Rasenplatz stand ein sehr herrliches Schloß mit vielen Spiegelfenstern und goldnen Türmen. Ein Glockenspiel ließ sich hören, Türen und Fenster gingen auf, und man sah, wie sehr kleine, aber zierliche Herren und Damen mit Federhüten und langen Schleppkleidern in den Sälen herumspazierten. In dem Mittelsaal, der ganz in Feuer zu stehen schien - so viel Lichterchen brannten an silbernen Kronleuchtern - tanzten Kinder in kurzen Wämschen und Röckchen nach dem Glockenspiel. Ein Herr in einem smaragdenen Mantel sah oft durch ein Fenster, winkte heraus und verschwand wieder, sowie auch Pate Droßelmeier selbst, aber kaum viel höher als Papas

Daumen, zuweilen unten an der Tür des Schlosses stand und wieder hineinging. Fritz hatte mit auf den Tisch gestemmten Armen das schöne Schloß und die tanzenden und spaziernden Figürchen angesehen, dann sprach er: "Pate Droßelmeier! Laß mich mal hineingehen in dein Schloß!" - Der Obergerichtsrat bedeutete ihn, daß das nun ganz und gar nicht anginge. Er hatte auch recht, denn es war töricht von Fritzen, daß er in ein Schloß gehen wollte, welches überhaupt mitsamt seinen goldnen Türmen nicht so hoch war, als er selbst. Fritz sah das auch ein. Nach einer Weile, als immerfort auf dieselbe Weise die Herrn und Damen hin und her spazierten, die Kinder tanzten, der smaragdne Mann zu demselben Fenster heraussah, Pate Droßelmeier vor die Türe trat, da rief Fritz ungeduldig: "Pate Droßelmeier, nun komm mal zu der andern Tür da drüben heraus." "Das geht nicht, liebes Fritzchen", erwiderte der Obergerichtsrat. "Nun so laß mal", sprach Fritz weiter, "laß mal den grünen Mann, der so oft herauskuckt, mit den andern herumspazieren." "Das geht auch nicht", erwiderte der Obergerichtsrat aufs neue. "So sollen die Kinder herunterkommen", rief Fritz, "ich will sie näher besehen." "Ei, das geht alles nicht", sprach der Obergerichtsrat verdrießlich, "wie die Mechanik nun einmal gemacht ist, muß sie bleiben." "So-o?" fragte Fritz mit gedehntem Ton, "das geht alles nicht? Hör' mal, Pate Droßelmeier, wenn deine kleinen geputzten Dinger in dem Schlosse nichts mehr können als immer dasselbe, da taugen sie nicht viel, und ich frage nicht sonderlich nach ihnen. - Nein, da lob' ich mir meine Husaren, die müssen manövrieren vorwärts, rückwärts, wie ich's haben will, und sind in kein Haus gesperrt." Und damit sprang er fort an den Weihnachtstisch und ließ seine Eskadron auf den silbernen Pferden hin und her trottieren und schwenken und einhauen und feuern nach Herzenslust. Auch Marie hatte sich sachte fortgeschlichen, denn auch sie wurde des Herumgehens und Tanzens der Püppchen im Schlosse bald überdrüssig und mochte es, da sie sehr artig und gut war, nur nicht so merken lassen, wie Bruder Fritz. Der Obergerichtsrat Droßelmeier sprach ziemlich verdrießlich zu den Eltern: "Für unverständige Kinder ist solch künstliches Werk nicht, ich will nur mein Schloß wieder einpacken"; doch die Mutter trat hinzu und ließ sich den innern Bau und das wunderbare, sehr künstliche Räderwerk zeigen, wodurch die kleinen Püppchen in Bewegung gesetzt wurden. Der Rat nahm alles auseinander und setzte es wieder zusammen. Dabei war er wieder ganz heiter geworden und schenkte den Kindern noch einige schöne braune Männer und Frauen mit goldnen Gesichtern, Händen und Beinen. Sie waren sämtlich aus Thorn und rochen so süß und angenehm wie Pfefferkuchen, worüber Fritz und Marie sich sehr erfreuten. Schwester Luise hatte, wie es die Mutter gewollt, das schöne Kleid angezogen, welches ihr einbeschert worden, und sah wunderhübsch aus, aber Marie meinte, als sie auch ihr Kleid anziehen sollte, sie möchte es lieber noch ein bißchen so ansehen. Man erlaubte ihr das gern.

# Meine Stadt

## Tamara Ehlert

Es liegt meine Stadt im Winterwind
Verloren am dunklen Fluß.
Sie gleicht einem heimatlosen Kind,
Das ohne Mantel im Winterwind
Am Erdboden schlafen muß.

Es spiegelt sich dort ein grüner Mond
Im schwarzen Wasser und weint,
Weil niemand mehr in den Häusern wohnt,
Die dieser geisterhaft grüne Mond
In langen Nächten bescheint.

Die Brücken warten zur Abendzeit
Auf Schiffe vom weiten Meer,
Doch kommen in fahler Dunkelheit,
Vom Wind gesteuert, zur Abendzeit
Nur Wolkenschiffe daher.

So hebt meine Stadt ihr Steingesicht,
Von Wolken und Wind bewacht,
Mit blinden Augen ins blasse Licht
Und birgt das zerstörte Steingesicht
Erschauernd im Tuch der Nacht.

# Quellenverzeichnis

Fritjof Berg: „Es gab nicht nur eine Französische Straße", mit freundlicher Genehmigung des Autors

Otto Besch: „Der Zoo", mit freundlicher Genehmigung von Frau Erika Besch

Horst Biernath: „Unser Umzug", aus „Abschied und Wiederkehr", Ehrenwirth-Verlag, München

Lovis Corinth: „Ankunft in Königsberg", aus „Aus meinen frühen Jahren", Claassen-Verlag, Düsseldorf

Tamara Ehlert: „So war der Frühling", „Christkinds Schleier", „Meine Stadt", mit freundlicher Genehmigung der Autorin

Käthe Kollwitz: „Frühe Bilder", mit freundlicher Genehmigung von Prof. Dr. Arne A. Kollwitz

Fritz Kudnig: „Am Hafen", mit freundlicher Genehmigung von Frau Margarethe Kudnig

Agnes Miegel: „Sturmnacht", aus „Agnes Miegel: Gedichte aus dem Nachlaß", Hrsg. v. Anni Piorreck. (c) 1979 by Eugen Diederichs-Verlag, Köln

Gertrud Papendick: „Die Kantherkinder", aus „Konsul Kanther und sein Haus"; „Vor den Toren", aus „Das war unsere Stadt", beide Eugen Salzer Verlag, Heilbronn

Eva Reimann: „Das Tor zum Burgkirchenplatz", mit freundlicher Genehmigung der Autorin

Eva Maria Sirowatka: „Die Königsberger Stadtmusik", mit freundlicher Genehmigung der Autorin; „Ein Herz aus Königsberger Marzipan", aus „Der wundersame Stern", Rautenberg-Verlag, Leer

Hermann Sudermann: „Tochter des Glücks", aus „Bilderbuch meiner Jugend", (c) by Albert Langen Georg Müller Verlag GmbH, München

In einigen wenigen Einzelfällen war es trotz nachdrücklicher Bemühungen nicht möglich, die heutigen Inhaber der Rechte festzustellen. Hier bitten wir um Verständnis und sichern Nachhonorierung im üblichen Rahmen zu.

# Inhalt

Eva Maria Sirowatka: Mein Traum . . . . . . . . . . . 5
Tamara Ehlert: So war der Frühling . . . . . . . . . . 8
Gertrud Papendick: Die Kantherkinder . . . . . . . . . 9
Horst Biernath: Unser Umzug . . . . . . . . . . . . 23
Lovis Corinth: Ankunft in Königsberg . . . . . . . . . 32
Käthe Kollwitz: Frühe Bilder . . . . . . . . . . . . 37
Walter Scheffler: An Königsberg . . . . . . . . . . . 46
Hermann Sudermann: Tochter des Glücks . . . . . . . . 47
Carl von Clausewitz: Ein Königsberger Brief . . . . . . 55
Eva Reimann: Das Tor zum Burgkirchenplatz . . . . . . . 57
Fritz Kudnig: Am Hafen . . . . . . . . . . . . . . 64
Gertrud Papendick: Vor den Toren . . . . . . . . . . 66
Agnes Miegel: Sturmnacht . . . . . . . . . . . . . 76
Fritjof Berg: Es gab nicht nur eine Französische Straße . . . 77
Otto Besch: Der Zog . . . . . . . . . . . . . . . 85
Fanny Lewald: Mein erster Haushalt . . . . . . . . . . 91
Martin A. Borrmann: Tante Kabalzar . . . . . . . . . . 100
Joachim Ringelnatz: Königsberg in Preußen . . . . . . . . 112
Eva Maria Sirowatka: Ein Herz aus Königsberger Marzipan . 113
Eva Maria Sirowatka: Die Königsberger Stadtmusik . . . . . 125
Tamara Ehlert: Christkinds Schleier . . . . . . . . . . 126
Heinrich Spiero: Schulgang in Königsberg . . . . . . . . 130
E. T. A. Hoffmann: Der Weihnachtsabend . . . . . . . . . 132
Tamara Ehlert: Meine Stadt . . . . . . . . . . . . . 140

# Weitere Titel

Ein hartes Leben voller Arbeit und Mühe – das war das Schicksal der Landarbeiter auf den ostpreußischen Gütern. Damals wurden die Wiegen nie leer, und das Lachen der Kinder begleitete den Tag. Flüsse und Seen waren noch sauber, Kornfelder wogten und einsame Wälder warfen ihre Schatten. Das ganze Leben war ein Abenteuer ohne Ende.

**128 Seiten, Abbildungen, gebunden, DM 24,-**

Mit dieser Geschichte einer Freundschaft hat der Dichter des Liedes "Wildgänse rauschen durch die Nacht" ganze Generationen jüngerer Leser gefesselt. Über eine Million Exemplare seines Kriegserlebnisses wurden bisher verkauft. Und immer noch hat seine Begegnung mit dem jungen Kriegsfreiwilligen Ernst Wurche nichts von ihrer Faszination eingebüßt. Noch immer sind wir im Leben und Sterben vom Denken und Fühlen dieses jungen Idealisten tief berührt.

**128 Seiten, gebunden, DM 24,-**

ORION-HEIMREITER VERLAG
D-2300 Kiel, Postfach 3667